오늘이 그런 날이다

오늘이 그런 날이다

초판 1쇄 인쇄 2018년 6월 20일
지은이 김혜경
펴낸이 이승훈
펴낸곳 해드림출판사
주 소 서울 영등포구 경인로82길 3-4(문래동1가 39)
센터플러스빌딩 1004호(우편 07371)
전 화 02-2612-5552
팩 스 02-2688-5568
E-mail jlee5059@hanmail.net

등록번호 제87-2007-000011호
등록일자 2007년 5월 4일

* 책값은 표지에 있습니다
* 잘못된 책은 바꿔드립니다

ISBN 979-11-5634-285-4

오늘이 그런 날이다

김혜경 에세이집

해드림출판사

들어가는 글

내 인생 드라마의 반전

삶에는 보이는 것과 보이지 않는 것이 있다. 내 나이 이십 대에 익숙했던 것들을 버리고 낯선 나라를 향했던 것은 내 삶을 보이는 것들로 채우고 싶은 욕심 때문이었다. 내가 원했던 것들이 하나하나 현실 속에서 이루어졌을 때, 내 인생의 정점이 가까워졌다고 느꼈을 때, 내 삶 어딘가에 어떤 것으로도 채울 수 없는 틈이 있다는 것을 깨달았다.

남들만큼 사는 것이 행복이라 믿었던 시절, 하루하루 행복하기를 원했고 행복했다고 믿었다. 결혼하고 아이를 얻고 내가 원했던 일을 하며 사는 동안 너무 행복해서 인간의 생이 유한한 것이란 걸 까마득히 잊고 살았다. 하지만 꿈을 이루었다고 생각했던 내 삶 속에 정작 나는 없었다. 나는 정말 행복하였던 걸까.

내 인생의 절반을 살았을 즈음 나 자신의 가치가 가파르게 하향 곡선을 그렸다. 내 마음에 죽음의 공포가 들어오고서야 삶의

본질은 세상에 그 어떤 것과도 바꿀 수 없는 생명이라는 단순 명료한 진리를 깨닫다니. 다시 살아갈 수 있을지 막막했고 두려웠다. 내 희망대로 삶이 다시 돌아와 준다면 눈에 보이는 것만을 위해서, 내가 원하는 것만을 얻기 위해서 살지는 않겠다고 다짐했었다.

뚜렷이 보이지 않는 미래의 그림 속에서 하루하루 시간을 보냈다. 체력의 재충전을 위해서 안간힘을 다하면서도 손에 잡히는 대로 책을 읽었다. 책 속의 많은 이야기는 갈라진 땅에 내리는 빗줄기처럼 나의 불안을 씻겨내었다. 책 속의 글들은 내 삶에 버팀목이 되었다. 그것이 내 인생의 전환점이었다.

삶의 가치를 어디에 두느냐에 따라 인생길이 달라지는 것 같다. 눈에 보이는 모습과 값비싼 것들과 무엇이 되어야 한다는 욕망에서 벗어나고 보니 사는 일이 한결 편해졌다. 더 나은 삶을 위해서 무엇을 더 얻으려 하기보다는 버려야 한다는 것, 그 작은 깨달음 덕분에 내가 꿈꾸었던 무엇이 되지는 못했지만, 오늘의 삶에 만족할 수 있었다.

사람은 잘 할 수 있는 것으로 돈을 벌고 좋아하는 것을 하면서 살아야 한다고 했다. 내가 좋아하는 일과 잘할 수 있는 일이 무엇일까? 그 생각을 해 보기도 전에 운명처럼 내 삶 속으로 타박타박 걸어 들어온 것이 있었다. '노인 거주공동체' 내 능력으로는 도저히 해낼 수 없을 것 같았는데, 누군가를 위해 내가 할 수 있는 일이 세상에 있다는 게 행복해서 코끝이 시큰했다.

글을 썼다. 신기하게도 글을 쓰면 모든 시름이 사라졌다. 내 삶 속에서 소소한 행복감이 잔잔한 물결처럼 밀려왔다. 배운 적이 없는 글쓰기로 부족한 실력을 탓하면서도, 완벽한 글이 아닌 것을 알면서도 글을 쓰는 게 그냥 좋다.

어느 해 겨울, 노을을 바라보다가 문득 나답게 살고 싶다는 생각을 떠올렸다. 자기소개서와 글 두 편을 복사한 종이를 들고 신문사를 찾아갔다. 며칠 후 편집국에서 소식이 왔다.

"지면을 드릴 테니 시작해 보시지요."

내 인생 드라마의 반전은 그렇게 또 한 번 시작되었다.

지난 한 해 동안 애틀랜타 '중앙일보'에 연재했던 칼럼을 모아 책을 엮었다. 첫사랑을 만났을 때처럼 마음이 설렌다. 어제처럼 살지 않으려 안간힘을 쓰고 살았던 내 모습이 드러나 부끄럽지만, 마무리하고 나서 가슴을 쭉 펴 본다.

살다 보면 입가에 미소가 절로 번지고 제풀에 웃음이 빵 터지는 날이 있다. 오늘이 그런 날이다.

2018년 5월

김혜경

| 목차 |

1부

혼자만의 시간

2부

그들이 남긴 자리

3부

처음부터 그러하였듯이

4부

생각을 바꾸는 일

혼자만의 시간

- 할머니 졸업생의 편지
- 나무는 고요 하고자 하나 바람은 멎지 아니하고
- 살아갈 하루가 아직 내 앞에
- 귀신은 바다를 못 건넌다
- 먼 하늘에 나타나는 무지개처럼
- 세상사 모든 일 마음먹기 나름
- 진정한 친구란
- 코드 레드(Code Red)
- 주홍글씨
- 편지 한 장의 미학
- 혼자만의 시간
- 필요할 때 찾아오세요
- 나는 내가 생각하는 것보다 더 아름답다
- 떠나고 나서야 그리워지는 것
- 족집게 여사의 평범한 하루

할머니 졸업생의 편지

무심코 저지른 잘못을 뒤늦게 깨닫고 나서, 그 일 때문에 오랫동안 자책하는 경우가 있다. 설사 그것이 남에게 직접 피해를 주지 않았더라도, 또 남이 전혀 모르는 일이라 해도 생각할 때마다 스스로 부끄러워지는 일 같은 거다.

사는 동안 이런 경우가 몇 번이나 있었을까? TV 방송에 나온 어느 할머니의 이야기를 보다가 해 본 생각이다.

미국의 어느 고등학교 교장 선생님에게 한 졸업생이 편지를 보냈다. 45년 전, 졸업시험을 치를 때 자신이 저지른 부정행위를 고백하는 내용이었다. 그 당시 재직하던 교사들은 이미 학교를 떠나고 없겠지만, 지금에라도 자신의 잘못을 교장 선생님께 고백하고 용서받고 싶다는 내용이었다.

감동한 교장 선생님은 각 교실을 돌며 전교 학생들에게 편지의 내용을 읽어 주었다. 철없던 시절에 저질렀던 잘못이 그녀의 마음을 평생 괴롭혔다는 이야기를 듣고 많은 학생들이 감동의 눈물을 흘렸다.

세상에는 그보다 더한 짓을 하고도 아무렇지 않게 사는 사람들이 얼마나 많은 데, 학창 시절의 잘못 하나로 TV에서까지 법석을 떠는가 하는 생각이 순간 들었다. 하지만 45년간 한 사람의 마음을 괴롭힌 일을 어찌 그깟 일이라 할 수 있겠는가.

인터뷰에서 할머니는 사는 동안 그 일을 생각할 때마다 무척 괴로웠다고 한다. 특히 손자들에게 바르게 살아야 한다고 가르칠 때는 스스로 너무 부끄러웠는데 뒤늦게라도 밝히게 되어 행복하다며 활짝 웃었다.

삼 십여 년 전 휴가 때 친정에 놀러 갔을 때 일이었다. 엄마 차를 빌려 타고 외출하고 오는 길이었다. 6차선 도로에서 갑자기 누런 물체가 내 차 앞으로 뛰어들었다. 급정거하고 차에서 내려 보니 누런 강아지 한 마리가 땅에 누운 채 눈만 껌뻑거리고 있었다.

뒤따라온 개 주인이라는 남자에게 빨리 911구급차를 부르자고 하니 괜찮다는 거다. 차 앞범퍼를 살펴보고 오더니 오히려 내 상태를 챙겼다. 떨리는 가슴이 조금 진정된 후, 강아지를 안은 주인은 돌아갔고 나도 그 자리를 떴다.

일주일 후 나를 공항까지 태워다 주려고 차에 오르던 오빠가 고개를 갸우뚱했다.

“이거 왜 이러지? 범퍼에 금이 쫙 갔어. 엄마가 사고 치셨나?”

그 순간, 차에 부딪혔던 강아지 모습이 확 스쳤지만, 당시 차에 아무 이상이 없다고 믿어 무심히 지나쳤었다.

나중에 범퍼를 새것으로 바꾸었던 오빠의 타박을 애먼 엄마가 하도 억울해하셔서 혹시나 해서 그 사건을 말씀드렸더니 오빠에게는 말하지 말자고 하셨다.

이제는 청년 시절의 추억담이 되었으니 “요건 몰랐지?” 하며 놀려 주고 싶지만 오빠는 삼 년 전에 세상을 등지고 떠났다

할머니 졸업생의 편지 이야기를 보다가 우연히 떠올린 엄마 차 범퍼 사건. 엄마는 돌아가실 때까지 일부러 함구하셨겠지만 나는 정말 까마득히 잊고 살았다.

지난날을 돌아보니 내가 저지른 일이 잘못인지도 모르고 산 적도 꽤 있겠다. 그저 내게 손해를 입을까 싶어 모르는 척 지나친 적은 없었을까.

훗날, 내가 그 할머니 나이가 되었을 때 나는 누구에게 사과의 편지를 보내게 될까.

또 한 해가 저문다. 허투루 살지 않으려고 애써 보지만, 먹고사는 일에 밀리다 보니 꼭 해야 할 일들은 시효기간을 넘긴 채 마음 한구석에 차곡차곡 쌓여 있다. 어쩌다 보니 잊히고, 어쩌다 생각이 나도 오랫동안 외면한 듯해서 선뜻 손 내밀기 어려운 사이가 된 사람들.

꼭 해야 했을 일들은 일부러 들춰서라도 마무리를 짓고, 잊었던 사람들은 묵은 수첩을 뒤져서라도 안부를 전해야겠다.

당신을 잊지 않고 마음에 간직하고 있었노라고, 그대의 목소리를 들으니 무척 반갑노라고.

나무는 고요하고자 하나
바람은 멎지 아니하고

밤 열 시에 울리는 전화벨 소리, 비몽사몽 하던 의식이 한순간에 곤두섰다. 밤늦게 오는 전화는 늘 불길하다. 반사신경이 몸을 용수철처럼 일으키는데 벌써 심장은 쿵쿵 방망이질이다.

예감했던 대로 아들아이 목소리다.

"엄마, 나 지금 쉐리프 오피스에 잡혀 왔어."

침침하던 눈이 확 열린다.

"어머, 왜? 또 차 사고 났어?"

배가 고파서 학교 앞 편의점에 갔다 오는데 경찰 아저씨가 잡더란다. 보석금을 내면 나간다는데 수중에 돈이 없었다면서, 제 딴에는 영어에 서툰 한국말까지 섞어가며 설명하지만, 수많은 물음표로 가득 찬 내 머릿속에선 지진이 났다.

곤잠에서 덜 깬 남편이 맥 빠진 몸을 추스르는 동안, 핸드백과 차 키를 챙겨 들고 내가 앞장섰다. 부모는 언제나 자식을 위한 '5분 대기조'다. 전화 끊은 지 채 오 분도 지나지 않아서, 한밤중에 활주로처럼 휑한 고속도로를 달리고 있다.

남편의 목에서 '꼴깍' 침 넘기는 소리가 들린다. 일 년 동안 아이가 다섯 번이나 접촉 사고를 냈어도 야단 한번 치지 않아 내 속을 끓이던 벽창호 남편도 오늘은 속이 타나 보다.

새벽 한 시, 부스스 엉킨 머리칼로 뛰어드는 동양인 부부를 본 쉐리프가 이미 누군지 알아차린 듯 서류를 들고 다가왔다.

과태료 체납 때문에 생긴 면허정지란다. 아이는 전혀 몰랐다고 하지만, 어찌 되었든 무면허 운전이다. 과태료 체납이라, 이 절박한 순간에 딱 떠오르는 일이 있다. 속도위반 과태료 통지서. 그래, 언젠가 날라 온 적이 있었다.

아들은 독일 어학연수를 떠난 후였고, 남편이 알면 속만 상하지 싶어 내가 등기우편으로 부쳤었다. 그러나 영수증을 어디에 두었는지 가물가물, 가방을 뒤집고 지갑 속 갈피를 다 헤집고서야 찾았다.

증거를 들이댔지만, 모든 절차는 판사님 소관이니 나중에 법원에 가서 해결하라는 쉐리프의 분부다.

경찰에게 잡혀 본 것이 그리도 재미가 있었을까.

근무 중이던 두 쉐리프가 모두 저희 대학 동문이라 셋이 앉아 대학 풋볼팀 이야기하며 놀았다고 자랑질이다. 철없는 녀석, 생전 처음 겪는 일이라 너는 신기하겠지.

오밤중에 벌벌 떨리는 가슴으로 세 시간 넘게 달려온 부모 마음을 네가 알겠냐. 부글거리던 내 속이 빵 터지려는 순간, 남편이 툭 던지는 말에 깜짝 놀랐다.

"낭패다. 낭패!"

한국 시댁에 놀러 가면 결혼 전 남편이 기거하던 바깥채에 머물렀다. 그 옆에는 집채 분위기와는 전혀 맞지 않는 시멘트 물탱크가 있다.

결혼 초, 시누님들과 마당에서 차를 마시면서 그 물탱크에 관해 물은 적이 있었다. 진즉 없애려 했는데 차일피일 미루고 있다는 큰시누님의 말을 듣던 셋째시누님이 "저거 부수면 절대 안 되지, 우리 집 역사가 있는 거야."라고 하셨다.

남편의 어린 시절 유난했던 이야기였다.

"아무리 큰 말썽을 피워도 저 탱크 물 퍼서 손수 씻기시고 재웠잖아."

큰누님이 말을 이었다.

그때 아버지는 "낭패다, 낭패"를 입에 달고 사셨지.

집으로 가는 동안 남편은 한마디 말이 없었다.

자신도 모르는 사이 "낭패다, 낭패"를 뱉고 나서, 혹시 돌아가신 아버님 생각에 빠진 건 아닐까? 풍수지탄風樹之嘆이란 말이 있다. '나무는 고요 하고자 하나 바람은 멎지 아니하고, 자식은 봉양하고자 하나 어버이는 그를 기다려 주지 않는다'라는 뜻을 지닌 사자성어다.

아버지가 낳은 아들이 아들을 낳아 아버지가 되듯이, 인생은 강물처럼 흐른다. 사는 동안, 아버지와 아들은 흐르는 인생길 어디쯤에서 이해의 합일을 이루게 될까.

오늘 같은 날, 전화를 걸어 아버지 안부라도 챙길 수 있다면 남편의 마음이 덜 서글플 텐데……

살아갈 하루가 아직 내 앞에

멀리서 들리던 새벽길 차 소리가 잦아들었다.

빛바랜 나뭇가지 사이로 볕뉘가 고개를 내미는 아침, 식구들의 북적임이 사라진 집안이 썰렁하다. 심심해진 마음은 밖을 향하지만, 갑자기 떨어진 기온 탓에 커피잔을 들고 창문 가로 바투 다가선다.

앙상한 나무 밑 낙엽 더미 위에서 겨울 채비를 하는 다람쥐들의 부산한 움직임이 빈 뜰의 여백을 채우고 있다. 우두커니 서 있는 겨울나무처럼 아무 짓도 하지 않고 시간을 보내는 것, 젊은 날엔 결코 생각할 수 없던 일이다.

나이가 든다는 것은 어쩌면 이런 한가함을 당당히 즐길 수 있는 것인지도 모른다. 더는 시간에 얽매이지 않고 직업적 제약에 지배당하지 않는, 정해진 원칙 없이 내 의지대로 살 수 있는 지금. 삶의 무게를 던져버린 것처럼 여유롭게 하루를 시작한다.

내 나이 삼십 대 초반 즈음, 엄마에게 "사는 게 어쩌면 이렇게 행복할까. 엄마도 내 나이엔 이랬어요?"라고 여쭤본 적이 있다. 그때 엄마는 "너 사십이 되고 오십이 되면 더 좋다. 살면 살수록 더 좋은 게 인생이야."라고 대답하셨다.

돌이켜 보면, 삼십 대에 내가 '행복'이라 생각한 것은 오로지 '물질적 풍요'가 아니었을까. 남보다 조금 더 넓은 집, 유명 브랜드의 큰 차와 사업의 번창에서 오는 성취감, 사다리를 타고 오르듯 살면 십 년 후, 이십 년 후 언제까지라도 행복할 거라는 믿음은 아마도 '치기'였으리라.

꿈을 이루려 나를 담금질하고, 목표를 위해 위만 보고 달리던 젊은 시절의 삶이 수직적이라면, 평범한 일상에서 여유를 즐기는 지금은 수평적 삶이라 할 수 있겠다.

어느 날 사는 일에서 숨을 고르는 여유가 생겼을 때 내 삶이 건조하다고 생각했었다. 갑자기 단조로워진 일상이 오히려 무의미한 삶처럼 느껴져서 스스로 부끄러웠다.

시간이 흐르고 보니, 어떤 위로도 세상을 통해서 얻을 수 없다는 것을 알았다. 의미 없는 어울림은 되레 외로움만 더 크게 만들 뿐이라는 것도 알겠다. 행복은 소소한 일상에서 얻는 것이라는 걸 이제야 깨닫는다.

수년 전 한국을 방문했을 때, 친구들과 함께 지리산 어디쯤 있는 황토방에서 밤을 지낸 적이 있었다. 시차 적응을 하지 못했던 나는 혼자서 뜬눈으로 밤을 새웠다.

캄캄한 밤, 난생처음 들어본 한밤중 개울물 흐르는 소리와 별들로 휘덮인 먹빛 하늘이 너무나 아름다워서, '이다음 나이 들어 은퇴하면 지리산 자락에 집을 짓고 살아야지.'라고 생각했었다. 나이든 지금 나는 지리산 자락은커녕 숲도 개울도 없는 동네에 살고 있다.

그러나 집 가까운 공원 숲 사이 산책로를 걷고, 구름 좋은 날 저녁엔 공원 옆 덤으로 붙은 호숫가에서 노을을 보며 시간을 보낸다. 그렇게라도 자연과 만나는 일이 내 삶의 특별한 행복이다.

삼십 대 초반에 집을 새로 장만하였었다. 집 안을 멋지게 꾸미고 싶어서 가구점을 셀 수 없이 들락거렸다. 마음에 드는 것이 보이면 안달이 나서 어떻게든 사야 했다. 구석마다 장식품을 세우고 벽마다 그림을 걸고, 방마다 걸맞은 가구로 채우느라 급급했었다.

이제 나이 들고 보니 공간이 주는 여백이 훨씬 좋아 보인다. 사람의 생도 마찬가지 아닐까. 젊은 날 가슴에 꾹꾹 눌러 담았던 열정과 분투, 욕심과 욕망을 날마다 스스로 버리며 살아가는 것이야말로 나이 듦의 참모습이 아니겠는가 싶다.

창밖 나무 사이로 바람이 스치고 지나가는가 보다. 비어있는 가지에 겨우 매달려 있던 나뭇잎이 공중에 원을 그리며 떨어진다. 그 모습을 보며 나는 그저 살아갈 하루가 내 앞에 놓여 있다는 사실만으로도 마음이 놓였다.

나이가 들면 정서도 따라서 변하는 것이 얼마나 다행인가.

귀신은 바다를 못 건넌다

딱 오 년만 살다 돌아가겠다고 온 미국에서 산 지 서른다섯 해가 지났다. 몇 년만 더 지나면, 한국에서 태어나 살았던 횟수의 거의 배가 되는 세월을 미국에서 보내는 셈이다.

그동안 경험했던 삶의 희로애락을 열거하라면 아마 장편 소설을 써도 모자라겠지만, 그중에서 가장 애통했던 일을 꼽으라면 단연코 시어머님이 작고하신 일이라고 할 수 있겠다.

이민자들이 겪는 안타까운 일 중 하나가 한국에 계신 부모님의 임종을 지키지 못한다는 것이다. 나 역시 친정엄마를 빼고는 양쪽 부모님의 임종을 지키지 못했다.

그런데도 유독 시어머니의 일을 마음에 품고 사는 데는 그만한 이유가 있다.

기독교 집안의 서울 여자와 불교를 믿는 집안의 경상도 청년의 만남은 기밀이어야 했다. 어른들 몰래 냉가슴으로 시작한 아들의 첫사랑 연애질을 어머니가 5년 동안 비밀로 지켜주셨다.

방학 때면 나를 집으로 불러 맛난 밥상을 차려 주셨다가 불시에 귀가하신 아버님께서 누구냐고 묻자 셋째 따님의 친구라고 하신 적도 있었다.

남편은 딸 셋을 줄줄이 낳고서 뒤늦게 얻은 귀한 아들이었다. 예수쟁이 신부 집안에서 요구한 결혼 조건 '신랑감 성경 공부시키기'에도 아무 내색 하지 않으셨다.

서울 여자를 맏며느리로 집안에 들이는 일을 탐탁해 하지 않던 문중 어른들에게 나를 꼭 며느리로 삼겠다며 설득시켜서 끝내 허락을 받아내셨다.

철딱서니 없는 며느리가 어찌해야 어머님이 베푸신 사랑을 다 갚을 수 있을까.

십 년이 넘게 아버님의 병구완을 홀로 하면서도 며느리에게 당신의 고단함을 한 번도 드러내지 않으셨다. 돌이켜 보니, 첫 손자를 안겨 드린 일 외에는 며느리 노릇을 제대로 해본 적이 없다.

우리만 잘살면 바랄 게 없다시던 말씀이 어머니 마음의 전부이겠거니, 당신의 귀한 아들을 꼬드겨 날아온 미국에서 나는 그저 우리만 잘살면 된다고 믿었었다. 몇 년에 한 번씩 찾아뵙는 일 외에는 모두 다 돈으로 해결했던 게 참 부끄럽다.

한국에서 차려드린 칠순 잔치 때 모인 어머니 친구분들 앞에서 며느리 자랑하시면서 함박웃음을 지으시던 모습이 눈에 선하다.

"봐라, 느그들. 서울 여잔 냄편 밖에 모른다고 결혼시킬 때 숭봤재? 울 며늘아처럼 잘하는 며늘아 느그들 봤나?"

며느리의 돈 자랑질을 효도라 칭찬하시던 어머니를 생각하면 몹시 죄스럽다.

미국 오기 전날, 외아들이 미국에 가면 제사는 누가 모시냐는 시누님의 뿔난 질문을 단번에 정리해주신 어머니다.

"귀신은 바다 못 건넌다. 제사 걱정하지 마레이."

결혼하기 전, 조상의 제사를 절대 모시게 하지 않겠노라는 밀약을 사돈지간에 맺었다는 걸 어머니가 돌아가신 후에야 알았다.

며느리를 위한 일이라면 상처에 소금을 뿌리는 일도 마다치 않으셨을 어머니, 멀리 떨어져 있었어도 어머님의 그늘에서 살고 있었다는 것을 왜, 진즉 깨닫지 못했을까.

미국에 사는 것을 핑계 삼아 한국 명절은커녕 때로는 어머님의 생신날까지 놓치고, 때늦은 전화로 죄송하다고 얼버무리는 것도 성가셔했던 배은망덕한 며느리였다.

그런 며느리에게 당신의 기일을 기억해달라는 부탁을 하고 싶으셨을까. 일 년에 단 하루만이라도 며느리에게 눈부처가 되고 싶으셨던 걸까.

내 생일에 맞추어 세상을 떠나신 어머니, 사진 속 어머니 웃는 모습을 보니 밀려오는 죄책감에 마음이 쓸쓸하다.

먼 하늘에 나타나는 무지개처럼

고향을 떠나본 일이 없는 사람이 어찌 고향을 그리워하랴. 명절이 다가오면 까마득히 잊고 살던 고향을 떠올린다.

고향을 그린다고 하면 사람들은 막연하게 태어난 곳을 생각할 것 같지만, '고향의 풍경' 속에는 장소와 시간뿐 아니라 나와 관계를 맺은 사람과의 추억도 들어 있는 것 같다.

내 고향도 꽃피는 산골이라면 좋겠다. 가끔 시골 출신의 친구들이 고향 이야기를 하는 것을 듣다 보면 부러운 마음이 생긴다.

언제 찾아가도 변함없이 옛 모습 그대로인 강산이 있고, 옛날이야기를 하며 밤을 지새울 수 있는 정다운 얼굴들이 아직도 살고 있는 곳이 내 고향이라면 얼마나 좋을까.

나는 서울 태생이다. 유치원을 시작해서 갈래머리 여고 시절을 보내고, 미니스커트를 입고 명동과 무교동을 활보하며 대학 생활을 마감할 때까지 살았으니 추억이 어린 곳이 얼마나 많을까.

그러나 어느 날 찾아간 서울은 너무나 많이 변해서 내 유년시절의 흔적은 어디에서도 찾을 수가 없었다. 마치 낯선 나라에서 미아가 된 느낌으로 빌딩 숲 사이 골목길을 헤집고 다니는 동안 나는 내 고향이 사라졌다는 생각을 했었다.

그래서였을까. 대한민국 방방곡곡이 모두 내 고향이라고 생각하며 살았다.

이제 나한테 고향이란 내가 태어나고 자란 곳이 아니라, 일상의 번잡함에서 비켜서고 싶을 때, 슬며시 떠올리면 웃음 지을 수 있는 추억이 남아있는 곳이다.

한국을 다녀올 때마다 내게는 새로운 고향이 생기는 셈이다. 새로운 추억이 옛 추억을 지워버리는 것처럼, 어느 해 여름엔 동해가 고향의 풍경이 되었다가, 어느 겨울엔 항구 도시 부산에서 생긴 일들이 고향의 추억으로 남았다.

어릴 적에 설날이면 임진각에서 북녘땅을 바라보며 우는 실향민을 본 적이 있다. 이민자로 살면서 가끔 그 생각을 했었다. 내 삶도 그 실향민처럼 엉거주춤하였을 것이다.

마치 오랜 연인을 두고 혼자 온 것처럼, 꼭 해주어야 할 이야기를 가슴에 쟁여 놓은 것처럼, 수십 년 세월이 흘러도 마음은 편편하지 않았으리.

고향보다 더 익숙해진 이곳에서 완전히 뿌리를 내렸구나, 하고 마음을 잡았다가도 지나던 거리 어딘가에서 고향과 흡사한 모습 한 자락 눈에 들어오면 흔들리는 마음은 또다시 나를 실향민으로 돌려놓았다.

이제 미국은 내가 태어나고 자란 고향보다 더 고향답다. 이민자라는 타이틀을 달고 살았지만, 내 삶은 지극히 편안했다. 곱씹어야 할 불행이나 조바심치며 밤잠을 설칠 만큼 굴곡진 일도 없었다.

내 일터가 있고 사랑하는 가족과 친구들이 사는 이곳에서, 나는 오래전 설계했던 대로 열심히 살았고, 이젠 인생의 꿈도 어느 정도 이루었다고, 나는 행복하다고 당당하게 말할 수 있는데 가끔씩 목구멍에 탁 걸리는 가시 같은 느낌은 무엇일까.

타향에 살아보아야 고향을 볼 수 있다고 했다. 이젠 시간 밖으로 밀려나 회상으로밖에 볼 수 없는 고향이지만, 그곳은 나 혼자 머물다 가는 추억의 공간이다. 떠나 왔다고 해서 어찌 고향이 사라질 수 있으랴.

지난 시간의 흔적들이 사라져 낡은 사진 속에서나 존재하는 곳이지만 고향이 없었다면 어찌 타국에서의 삶을 지탱할 수 있었을까.

이제 알겠다. 고향이란 떠나왔다고 멀어지는 곳이 아니라, 변해버렸다고 사라진 것이 아니라는 것을.

저 먼 하늘에 나타나는 무지개처럼 어딘가에서 기다리고 있다가 내 마음에 비가 내리는 날, 모습을 나타낸다는 것을.

세상사 모든 일 마음먹기 나름

다른 주로 이사 가는 지인이 필묵을 선물했다.

지금도 내가 서예를 즐기는 줄 알고 일부러 챙겨 주신 모양이다. 오랜만에 벼루와 붓, 화선지를 펴놓고 가만히 바라보자니 씁쓸한 느낌이 가슴을 스친다.

몇 년 전 서예 모임에서 있었던 일이다. 붓글씨를 지도하는 선생님이 한국에 사는 큰누님 부고를 받았다. 어머니처럼 대했던 누님이라 상심이 컸는지 당분간 모임을 쉬겠다고 했다.

그 후 선생님은 전화도 받지 않았고, 잠시 혼자 있고 싶다는 내용의 메일을 보내면서 다른 회원들에게도 그리 전해달라고 하셨다.

얼마 후 선생님 위로 겸 회원들과 함께 식사 자리를 마련했다. 굳은 표정으로 앉아 있던 선생님은 "내가 몇 년을 가르쳤는데 어찌 전화로라도 문상하는 회원이 하나도 없었느냐?"라고 하셨다. 선생님이 혼자 있고 싶다고 하셨잖아요, 라고 말하려다 문득, 선생님이 뭔가 오해하고 있다는 느낌이 들었다.

선생님이 보낸 메일의 내용을 아는 친구가 옆에 있었으니 당장 해명할 수도 있었다. 그러나 평소에 존경하던 선생님에게서 느낀 실망감은 내가 조절할 수 있는 감정의 수위를 넘었고, 나는 조용히 그 자리를 빠져나왔다.

오해는 드러나지 않으면 내가 어떤 오해를 받고 있는지 알 수 없다. 누명 쓴 자의 심정으로 집으로 돌아오는 동안 '나 역시 누군가를 오해하며 산 적이 있었겠구나.' 하는 생각을 했다.

그의 메일 내용을 내 방식으로 해석하여 그의 의도를 곡해했던 것처럼, 오해하는 것도 그의 마음이니 내가 어찌할 수는 없겠다.

모임은 결국 와해되었고 몇 년간 함께 했던 문우들도 뿔뿔이 흩어졌다. 그 쇼크 때문이었는가, 즐겨 하던 붓글씨를 그만둔 것도 그때였다.

의심암귀疑心暗鬼란 말이 있다.

의심하면 마음속에서 망상이 일어나 불안감과 선입견이 판단을 빗나가게 한다는 말이다. 오해는 어떤 일의 사실 여부를 알지 못한 채 혼자 하는 망상이다.

오해는 상대를 의심하게 하여 자신의 마음에 분노를 쌓고 사람의 본성을 파괴한다. 때로는 상대를 절망의 구렁텅이로 내몰기도 한다.

김동인의 『배따라기』는 오해가 빚은 비극의 단면을 보여주는 단편소설이다. 예쁜 아내가 사람들에게 친절하게 대하는 모습을 보고 질투를 느낀 형은, 늘 아내와 다툰다.

형은 아우와 아내의 사이도 오해했다. 하루는 집으로 와 보니 아내와 아우의 옷매무새가 흐트러져 있었다. 아우는 쥐를 잡느라고 그랬다고 했으나, 화가 난 형은 둘을 때려 내쫓았다.

밤이 되어 낡은 옷 꾸러미에서 쥐가 나오는 걸 보고 오해였다는 것을 깨달았지만, 이미 아내는 물에 빠져 죽었고 아우는 먼 길을 떠난 후였다는 줄거리다.

그 일은 참 오랫동안 나를 힘들게 했었다. 어쩌면 오해의 시작은 서예 선생님의 의도를 바로 읽지 못한 내 실수이었는지도 모르겠다.

그 일을 겪기 전에는 누군가에게 오해받고 비판을 당하는 일은 내 인격을 모독하는 일이라고 생각해서 상대를 미워했었다. 지금은 어떤 경우이건 오해가 생겨도 굳이 풀려고 애쓰지 않는다.

돌이켜 보면 선생님의 오해를 받은 일이 오랫동안 즐기던 서예를 접을 만큼 큰일은 아니었지 싶다.

오해를 받은 억울함의 분풀이로 스스로 택한 것이 '서예를 그만두는 행위'였으리라.

오해는 잘잘못의 시비를 가리는 일이 아니다. 서로 간에 소통이 되지 않을 때 생기는 게 오해다. 오해를 풀기 위해 아무리 자신의 정당성을 강조해 본들, 남의 마음을 어찌 내가 바꿀 수 있으랴. 오해는 사실이 아니니까, 언젠가는 풀릴 것이다. 설사 풀리지 않더라도 어쩌겠는가.

세상사 모든 일은 제 마음먹기 나름인걸.

진정한 친구란

미국의 어느 직장인 사이트에서 '친구'에 관한 조사를 했다. 결과를 보니 요즘은 '진정한 친구'를 찾는 일이 힘들다고 응답한 사람이 99.6%나 되었다고 한다.

맞는 말이다. 나이가 들어갈수록 진정한 친구를 만나는 일이 점점 힘들어진다.

아는 사람이 많을수록 좋다는 것이 요즘의 통념이다. 인맥을 맺으려는 생각이 우선이다. 하지만 친구란 서로 마음과 마음이 통할 때만 얻을 수 있는 존재다. 인맥을 쌓으려고 여러 모임에 참석하고, 폭넓은 인간관계를 맺으려고 페이스북으로 친구를 맺고, SNS나 카톡을 통해 의미 없는 문자를 주고받지만, 이렇게 만나는 사람들은 속 빈 강정 같을 뿐, 진정한 친구가 되는 경우는 거의 없는 듯하다.

국어사전에는 친구란 '오랫동안 가까이 사귄 벗' 혹은 '나이나 처지가 비슷한 사람'이라고 되어 있다. 그러나 반드시 그렇지는 않은 것 같다. 만난 기간이나 처지와 관계없이 친구는 친구이다.

친구를 정할 때, 조건이나 신분을 따지는 까닭은, 자신이 원하는 상황에 친구 관계를 연결하여서 유익함을 얻으려 하는 사람이 가진 이기적 속성 때문이다.

친구를 얻는 일은 옛날이나 지금이나 다르지 않은 것 같다.

공자님께서 말씀하신 친구의 기준을 보면 "세상에는 세 부류의 유익한 벗과 세 부류의 해로운 벗이 있는데, 정직한 사람, 성실한 사람, 견문이 넓은 사람은 유익한 벗이요, 겉치레를 중시하는 사람, 아첨 잘하는 사람, 말만 앞세우고 성의가 없는 사람은 해로운 벗이다."라고 되어있다.

물론, 주변에 품성이 맑고 어진 벗을 많이 두는 것은 복된 일이다. 그러나 내가 어떤 친구를 골라 사귀어야 할지 생각하기 전에 내 친구들에게 나는 어떤 친구일까, 라는 것을 먼저 생각해 봐야 하는 것은 아닐까 싶다.

가족의 울타리에서 가끔 소외감을 느낄 때 위로를 주는 존재가 친구다. 운 좋게도 나에게는 그런 친구들이 있다.

나보다 더 힘들게 살면서도 언제나 먼저 염려해 주고, 더 바쁘게 살면서도 무슨 일이 생기면 한걸음에 달려와서 내 곁을 지켜 준다.

오랜 시간 서로 만나지 못해도 끊임없이 안부를 챙기고, 여행을 떠날 때면 나를 데리고 가지 못해서 미안해하는 친구들이다.

어쩌면 친구들이 주는 유대감 덕분에 세상살이에서 받는 스트레스를 쉽게 견뎌냈는지도 모른다. 세상의 인간관계가 이용가치의 유무에서 기인한다는 느낌으로 실망할 때, 사심 없는 친구가 곁에 있는 것만으로도 마음이 든든했다.

어떤 일을 그르쳐 스스로 초라하다 느껴질 때, 때로 현실이 억울하게 느껴져 괜스레 서글퍼질 때, 차 한 잔 앞에 놓고 이야기를 나누면서 울컥 복받치는 설움을 삭혀주는 친구가 있는데 어찌 사는 일이 힘들다고 불평할 수 있겠는가.

내게는 진정한 친구를 위해 정해 놓은 세 가지 규칙이 있다.

'첫째는 언제 어디서건 내가 필요한 친구에게는 반드시 달려갈 것, 둘째는 친구랑 먹은 밥값이나 찻값은 내가 부담할 것, 셋째는 언제나 솔직한 마음으로 친구를 대할 것.'이다.

친구 관계라는 것은 상대적이어서 내가 원한다고 모두 친구가 되는 건 아니지만, 친구를 위해서라면 적어도 시간과 물질 그리고 마음, 세 가지는 투자해야 한다는 게 나의 지론이다.

그러나 이제 나는 새로운 규칙 하나를 추가해야 할 것 같다.

얼마 전 동기간보다 더 가까웠던 사람을 잃었다.

내가 보살펴야 하는 동생이었고, 생각나면 보고 싶어 달려가던 친구이기도 했고, 사는 일에 용기를 잃지 않게 해주던 나의 멘토이기도 했다. 내 일상 속에 그가 남겨놓은 공간이 너무나도 커서 문득문득 느끼는 허망함이 가슴 한가운데를 쑹덩쑹덩 잘라내는 듯하다.

살다가 한날한시에 떠나지는 못하더라도 대충 엇비슷하게 세상을 떠나면 얼마나 좋을까. 그를 보내고 나서야 진정한 친구의 의미를 되새겨 본다.

내가 아무리 사랑하고 육친보다 더 귀히 여긴다 해도 이 세상을 함께 갈 수 없다면 '친구를 위한 세 가지 규칙' 따위가 무슨 의미가 있으랴. 떠나보내고 나서야, 진정한 친구란 늘그막까지 곁을 지켜주는 사람이라는 걸 뒤늦게 배운다.

코드 레드(Code Red)

미국 북부에 있는 어느 중학교에서 총성이 울렸다. 수업 중이던 교사들과 학생들은 스피커에서 나오는 '코드 레드!'라는 소리에 교실 문을 잠그고 구석으로 몸을 숨겼다.

사이렌 소리를 울리며 경찰차가 교정으로 들어오고, 무장 경찰들이 사태를 수습하기 위하여 신속하게 건물 안으로 투입되었다.

학교에서는 핸드폰을 사용할 수 없는 것이 수칙이었지만, 겁에 질린 아이들의 전화를 받고 황급히 달려온 학부모들이 하나둘씩 교문으로 들어서기 시작했다.

체육관에서 학생들과 수업을 하고 있던 한 여교사도 총소리를 들었다. 사태를 짐작한 선생님은 학생들을 밖으로 조용히 내보낸 후, 총소리가 울렸던 식당 쪽을 향해 달려갔다.

점심을 먹고 있던 일부 학생들이 겁에 질려 울음 섞인 비명을 지르며 복도로 뛰어나오고 있었다.

학생들이 밀려 나오는 방향을 거슬러 뛰어들어간 학교 식당에는 한 남학생이 총을 들고 서 있었고, 어깨와 다리에 총을 맞고 피를 흘리고 있는 두 학생 주위에는 미처 피하지 못한 학생들이 바위처럼 굳은 표정으로 앉아 있었다.

총을 든 남학생은 식당으로 들어오는 선생님을 쳐다보았다. 선생님은 그 학생의 이름을 부르며 천천히 그에게로 다가갔다.

그리고 그의 어깨를 꼭 끌어안았다. 선생님의 품 안에서 그는 총을 내려놓았고, 두려움에 떨며 앉아 있던 학생들과 다친 아이들은 안전하게 식당을 빠져나왔다.

"25년 동안 경찰로 일하면서 수많은 경험을 했지만, 그런 위험한 상황에서 그런 투혼을 보인 사람은 처음 보았습니다. 선생님의 용기가 더 커질 뻔한 비극과 희생을 막은 것입니다. 그 선생님은 이 시대의 진정한 영웅입니다."

그 여교사의 침착한 대처에 감동한 경찰관이 방송 인터뷰에서 한 말이다.

한 매스컴의 앵커가 그 당시의 심정이 어떠하였느냐고 선생님에게 물었다.

"식당으로 달려가서 그곳에 있는 아이들을 보았을 때, 총질을 한 아이도 총상으로 피를 흘리고 있는 아이도 또 겁에 질린 채 앉아 있던 아이들 모두가 내 자식일 수 있다는 생각을 했습니다. 세상의 어떤 어머니라도 그 상황에서는 모두 나처럼 하였을 것입니다."

수줍은 듯 웃으며 말하는 중년 여교사의 모습을 보는 내 얼굴에서도 웃음이 절로 나온다.

그 선생님은 많은 학생들로부터 늘 존경받던 분이라고 했다. 일일이 아이들의 이름을 기억하고 칭찬과 격려를 아끼지 않는 선생님을 총질했던 학생도 존경했었다고 그의 친구가 말했다.

만약 총을 들고 있던 학생과 마주했던 그 선생님이 평소 그가 존경하던 선생님이 아니었더라면 어떤 결과가 있었을까. 많은 학생의 입을 통해 나오는 '존경하는 선생님'이라는 말에 여러 가지 생각이 꼬리를 물었다.

스승의 그림자도 밟으면 안 되는 것이 옛 시절 제자의 도리였다.

그 당시 스승을 향한 제자들의 존경심이 어떠하였는가를 가히 짐작게 하는 말이다. 지금은 어떠한가. 학부형들이 준 촌지의 두께에 따라 제자들을 차별하는 스승이 있는가 하면, 제 자식의 잘못을 처벌했다 하여 그의 부모가 자식 앞에서 선생의 빰을 치는 일도 벌어지는 세상이다.

제자에게 희망과 동기를 불어넣어 주는 진정한 스승과 그 가르침에 따라 정진하는 참다운 제자의 만남이 진정 필요한 때다.

존경받는 스승이 많은 세상, 스승을 존경하는 제자가 넘쳐 나는 멋진 세상을 후손에게 물려줄 순 없을까? 위험하고 화급한 사건이 터졌을 때 사용하는 암호가 '코드 레드'라고 했다.

제자가 스승을 존경하지 못하고 스승이 제자를 믿지 못하는 우리의 현실도 '코드 레드!'를 외쳐야 할 만큼 급박하다.

주홍글씨

열아홉 살 청년이 십육 세 소녀를 사랑하면 어떤 일이 벌어질까. 청년과의 만남을 탐탁지 않게 여긴 소녀 쪽 부모가 청년을 경찰에 신고했다. 그 일로 인하여 청년은 '미성년 성범죄자'라는 전과 기록을 달고 살게 되었다. 참 안타까운 이야기다.

어느 엄마가 웹 사이트를 살펴보다가 같은 동네에 사는 청년이 아동 성범죄의 전과를 가진 사람이라는 것을 알게 되었다. 불안해진 그가 청년의 신원과 범죄 내용을 다른 이웃들에게 알리자, 아이가 있는 가정의 엄마들이 들고일어났다.

제 자식의 안전을 걱정하던 몇몇 엄마들은 급기야 동네 입구에 벽보를 붙여서 이웃에게 내용을 알리고, 청년의 집 앞에서 피켓시위를 하며 그에게 다른 곳으로 이사 갈 것을 요구하였다. 십년 전 사건이 다시 불거지자 청년은 자신의 집에서 스스로 목숨을 끊었다.

내 삶의 가치를 상실했다고 느낄 때, 과연 어떤 선택을 해야 할까. 한 청년의 이야기를 읽다가 나다니엘 호손이 쓴 소설『주홍글씨』를 떠올린다.

주인공이 가슴에 달고 사는 주홍글씨 'A'는 간음한 죄인에게 내린 처벌의 징표였지만, 영원히 지워지지 않는 낙인이기도 하다. 주홍글씨를 달고 살면서도 편견과 차별에 맞서 자신의 인생을 지킨 헤스터 프린과 이웃의 강압에 스스로 삶을 포기한 젊은 청년, 이 두 사람의 이야기는 너무나 대조적이다.

자신의 실수를 깨달았을 때 어떻게 행동해야 하는지는 매우 중요하다. 미성년자를 만난 것 때문에 '성범죄자'라는 주홍글씨를 달고 산 것이 얼마나 힘이 들었으면 뒤늦게 죽음을 택하였을까.

자신의 잘못을 반성하고 자신의 마음을 성찰하는 자세로 살려 했다면, 그에 따라오는 편견과 차별의 고통도 감수해 낼 각오도 했어야지, 하는 아쉬움에 가슴이 먹먹하다.

며칠 전, 텍사스주 정부가 트럼프 대통령의 '반이민 행정명령'을 지지하고 나섰다는 신문기사를 보면서, 미국에서 '이민자'라는 말은 '주홍글씨'처럼 지울 수 없는 낙인이 될 수도 있겠다는 생각을 했었다. 사실, 트럼프 대통령이 선거 유세를 시작하기 전까지는 내가 이민자라는 것을 거의 잊고 살았다.

그러나 요즘은 미국은 백인의 나라이고 나는 이민자라는 것이 명백한 사실임을 새삼 느끼게 된다.

과거의 미국은 피부색으로 갈등하고 대립했었다. 그러나 이제는 미국인과 이민자 간의 대립으로 돌아서고 있다. 일부에서는 백인이 소수 인종이 되어 갈 것을 우려하지만, 그것은 히스패닉이나 유색인종 '이민자'들을 경계하는 일부 백인들의 피해의식이 만들어 낸 생각이다.

저소득층 백인 중에는 자신의 처지가 어려운 이유를 이민자들 탓으로 돌리기도 한다. 지금의 미국이 유럽에서 온 백인 이민자들이 세운 나라이고 그들이 자신들의 조상이라는 것을 망각한 것처럼 말이다.

사람에게는 스스로 선택할 수 없는 것이 있다. 태어날 때 정해진 남녀의 성징이나 피부색으로 구분되는 인종이 그러하다. 그것이 바로 이 세상에서 성차별이나 다른 인종을 향한 편견이 존재해서는 안 되는 절대적인 이유다.

그런데, 특정 종교 국가나 인종이 다른 이유로 '이민자'가 범죄자 취급을 당하는 사회에 내가 살고 있다니, 내가 이민자라는 사실도 잊은 채 말이다.

'이민자'라는 이름은 죄의 처벌로 얻은 '주홍글씨' 낙인이 아니다. 내 인생의 결정적인 순간에 정답으로 선택했던 내 삶의 길이고 방법이었다. 요즘 세상을 흔드는 반이민 정책 때문에 내가 확신했던 정답이 설사 오답이 된다 해도 이제는 '이민자'의 의미를 스스로 찾아 즐기며 살고 싶다.

인생사에는 애초부터 완벽한 선택이나 확신은 없다는 걸 워싱턴의 그분도 곧 아실 테니까.

편지 한 장의 미학

샬럿에 사는 친구가 보낸 소포가 도착했다. 열어보니 상자 속에는 공기 포장지로 꽁꽁 싸맨 유리병에 넣은 생강과 레몬차, 일회용 팩에 담은 홍삼, 손수 재배하여 말린 비파 잎 그리고 그 옆에 사각봉투 하나가 있었다.

편지다. 그럼 그렇지, 편지 한 장 넣지 않고 달랑 선물만 보낼 친구가 아니다. '내가 직접 차를 만들어 줄 수 있는 친구가 있어서 나는 행운아야.'라고 시작한 편지 속에서 그가 활짝 웃는다.

유난히 작은 체구인 그가 잰걸음으로 부엌을 오가며 박스를 꾸려놓고, 식탁 의자에 한 무릎을 세우고 앉아 편지를 쓰는 동안, 꽃이었다가 나무였다가 달처럼 웃었을 그의 모습이 보인다. 갑자기 그에게 달려가고 싶다.

편지는 마음이 마음으로 가는 지름길이다. 마음이 움직이지 않고는 보낼 수 없는 게 편지다. 단지 몇 글자뿐이어도, 편지 속 짧은 글은 전화로 하는 긴 이야기보다 훨씬 더 마음을 감동하게 한다.

그뿐인가. 편지는 마치 마법 같아서 보낸 이의 생각과 받는 사람의 마음을 하나로 만든다.

수년 전, 한국 여행을 마치고 돌아왔을 때였다. 집에 도착해 보니 책상 위에 채터누가에 사는 친구 이름이 쓰인 편지봉투가 하나 놓여 있었다. 아마 내가 여행하는 동안 애틀랜타를 다녀간 모양이다.

봉투 속에는 만년필로 또박또박 써 내려간 편지가 들어있었다. '어머나!'라고 탄성을 지를 만큼 오랜만에 받아본 손편지였다.

"친구가 집에 없다는 것을 알면서도 그대가 사는 동네를 지나려니 발길이 멈춘다오. 여행에서 돌아올 날이 아직 여러 날 남아서 오늘 나는 혼자 이 찻집에 앉아 그대 생각을 하며 커피를 마시고 있소."

타임머신을 타고 마치 여고 시절로 돌아간 것 같았다. 하늘빛 바탕 흰 구름무늬가 있는 편지지에 빼곡하게 쓰인 그녀의 자잘한 일상들. 온몸을 바위처럼 누르는 여행의 피곤함도 잊은 채, 선 채로 편지를 읽고 또 읽었다.

타국에서 보낸 오랜 세월이 만든 간격의 허전함 때문에 헛헛한 마음으로 돌아온 한국 여행이었다. 외진 길을 터벅터벅 혼자 걷는 심정으로 돌아온 내게 친구의 편지는 시든 내 마음에 꽃을 피우는 물줄기였다.

편지를 읽으며 느끼던 안도감, 내 혈관을 타고 흐르던 짜릿한 느낌이 사라질까 봐 그때 나는 즉시 답장을 썼었다.

편지는 그리움의 밀물이다. 지금 내 마음에 지난날의 그리움이 오버랩 되어야 쓸 수 있는 게 편지다. 바람이 휙 스치던 어느 가을날, 장대비 속을 맹렬히 뛰던 어느 해 여름 그리고 첫눈 내리던 겨울, 과거 어느 시점 어느 장소에서 누군가와 함께했던 순간들.

혼자 돌아보면 뭔가 후회스럽고 아련한 추억들이 느닷없이 튀어나올 때, 바로 그 순간에 쓰고 싶어지는 것이 편지다.

십칠 년 전 항암 치료를 받을 때였다. '힘내!'라고 쓴 글씨 옆에 하트가 그려진 노란색 포스트잇을 받았다. 힘들 때 누군가로부터 받은 한 장의 편지는 강력한 효과를 가진 진통제다.

세월의 틈새로 소리 없이 스며든 삶의 위기에 내가 왜 이러고 사나, 하는 생각에 축 늘어졌던 몸에 빳빳이 풀기를 먹이는 것이 편지 한 장의 힘이다.

나이가 들어서, 오랜만에 손편지를 쓴다는 것이 쑥스럽다. 그래도 오늘 밤엔 친구에게 꼭 편지를 쓰리라. 데면데면한 내 성격 탓에 그저, 말하지 않아도 내 마음을 알겠거니 두루뭉술하게 뭉개두었던 비밀을 아주 진하게 풀어놓으리라.

투명한 유리잔 속에서 제 무게를 버리고 둥둥 떠오르는 비파 찻잎처럼, 잊었던 추억을 떠올리며 현실의 무게를 잠시 잊을 수 있는 멋들어진 편지 한 장을 꼭 쓰리라.

아, 그런 생각만 하여도 마음이 충만해지는 저녁이다.

혼자만의 시간

점심 약속 장소에 거의 다 왔는데 전화벨이 울린다.

급한 일이 생겼으니 약속을 두 시간 정도 뒤로 미루자는 전화다. 일상의 갑작스러운 정지. 그러나 마음속에서는 아이들이 공중에 불어낸 비눗방울 같은 반가움이 폴폴 날아다닌다.

사람들 틈에서 부대끼다 보면 나만의 공간에서 혼자 쉬고 싶을 때가 있다. 그래서인지 예상하지 못했던 시간의 여유가 생기면 그 즐거움이 더욱 각별하다. 나만의 공간이라고 해서 어느 특별한 장소를 의미하는 것은 아니다.

그저 빈둥거리는 것처럼 보일지라도 남의 시선을 의식하지 않고 여유롭게 혼자 시간을 보낼 수 있는 곳이면 그곳이 어디인들 무슨 상관이 있으랴.

숲속 길을 잠시 걷자는 생각으로 가까운 공원으로 차를 돌리려다 마음을 바꿨다. 오랜만에 따스해진 날씨에 멋을 낸답시고 차려입은 정장에 맞춰 굽 높은 구두를 신었으니 부실해진 발목이 견뎌낼 재간이 없을 거다.

맛난 점심을 기대하고 아침을 건너뛴 위 속에서는 '꼬르륵' 경보음이 울린다. 쇼핑을 가든, 산책하든, 헬스장은 물론, 공연장에도 혼자 가는 걸 즐기는 '나홀로족'인 내가 혼자 하지 못하는 일이 있으니, 바로 식당에서 혼자 밥을 먹는 일이다. 어쩌나, 다른 곳을 찾는 수밖에.

카페는 뜻밖에 한가했다.

빡빡한 일상의 태엽을 느슨하게 풀고 홀로 보낼 시간의 즐거움을 감지한 내 마음은 카페에 들어서기 전부터 함박웃음이다.

샴쌍둥이처럼 붙어선 젊은 커플이 내 앞에서 뭔가를 주문하는 동안, 한국어와 영어가 섞인 정체불명의 메뉴판을 훑었지만 내가 고른 건, 결국 블랙커피 한 잔과 오트밀 쿠키 두 개다.

창가 맨 구석 자리를 찾아 의자 위에 풀썩 몸을 부렸다. 잔잔히 흐르는 음악도 무시한 채 식어가는 커피에 아랑곳없이 누구의 방해도 받지 않고, 그저 떠오르는 생각을 무심히 따라갈 수 있는 여유로움. 혼자만의 시간은 내 삶의 보약이다.

가끔 혼자서 외롭지 않냐고 묻는 이가 있다. 그러나 혼자 있는 내 모습이 남에게 어떻게 보일까 하는 생각만 하지 않으면 외로움 때문에 내 감정이 출렁거리는 일은 없다.

혼자만의 시간 속에서 느끼는 외로움과 고독의 차이점은 무엇일까. '홀로 되어 쓸쓸하다'는 뜻으로 보면 별 차이가 없겠지만, 심적으로 본다면 외로움과 고독은 분명히 의미가 다르다.

남을 바라보며 나를 생각하는 것이 외로움이라면 나의 내면을 스스로 바라보는 일은 고독일 것이다. 외로움과 고독의 차이는 혼자만의 시간에 내 마음이 어느 쪽을 선택하는지에 따라 달라지는 것이다.

혼자만의 시간은 마음의 색안경과 가면을 스스로 벗는 일이다. 누군가를 돕는 모습으로 포장한 나의 위선, 속내를 감추고 손익의 무게를 저울질하는 이기심, 나 자신 주제 파악도 못 하고 허둥대는 허영심과 나르시시즘.

내 삶 속의 모든 행위를 고해성사하듯 내어놓고 나면 내 속에 벽돌처럼 굳어있던 감성이 솜사탕처럼 스르르 풀어진다.

혼자만의 시간이 좋다.

설사 꼬리를 물고 따라오는 생각들이 쉽게 정제할 수 없는 아픔이나 증오의 단편들일지라도 나는 혼자만의 시간을 사랑한다.

가끔 누군가와 함께 시간을 보내고 싶을 때, 마음이 통하지 않는 사람과 마주 앉은 시간의 불편했던 시행착오를 떠올린다. 그런 기억들이 만든 내 삶의 이정표가 혼자만의 시간이다.

카페를 나오며 텅 빈 파킹랏에 오롯이 서 있는 나무가 보였다. 앙상한 저 나무는 잎이 지고 피는 일을 몇 번이나 겪었을까.

나목을 바라보며 삶의 궤적을 돌아보는 사람이 세상에 어찌 나 하나뿐이랴 만, 사람이 사는 것도 혼자만의 시간을 통해서 비움과 채움의 순환을 거듭하는 거란 생각을 해본다. 바삐 도는 일상에 밀려 파리했던 내 마음에 혈색이 돈다.

혼자만의 시간이 주는 선물이다.

필요할 때 찾아오세요

이른 아침에 지인의 전화를 받았다. 자동차 월부금이 밀려서 오늘 해결하지 않으면 차를 빼앗길 지경이라고 했다.

축 처진 음성을 타고 달려오는 그의 한숨이 절박했다. 마누라 없이는 살아도 차 없이 살 수 없는 미국이라는 것을 어찌 모를까만, 내게도 갚아야 할 것들이 여기저기서 손을 내밀고, 치러야 할 이런저런 비용이 있는데 어쩌나, 하는 생각이 나서 마음이 망설여졌다.

지난 주일 예배 때 옆 교우들과 서로 인사를 나누는 순서였다. 늘 그랬듯이 "안녕하세요?"라고 하며 옆 사람과 악수를 하려는데 목사님이 한마디 더 하셨다. "오늘부터는 필요할 때 찾아오세요."라고 말하자는 거였다.

옆 사람에게 손을 내밀며 새 인사말을 하려는데, '어머, 이러다 진짜 찾아오면 어쩌지?' 하는 생각이 휙 머리를 스쳤다.

세상에, 내가 이토록 치사한 인간이었나? 스스로 놀란 양심이 움찔했다. 우러나지 않는 말을 억지로 하려니 안면근육까지 딱딱해지는 느낌이었다.

그 마음을 들킬까 봐 상대방 눈을 바로 볼 수도 없었다. 그런데 옆에 앉은 교우가 나한테 "필요할 때 찾아오세요."라고 하는 말을 듣는 순간, 신기하게도 내 마음속에서 환한 빛 같은 기쁨이 물결을 타고 퍼지는 것처럼 느껴지는 거였다. 이게 웬 아이러니일까.

지인의 전화를 받으면서 얄팍한 머리를 굴리는 데 문득, 교회에서 받았던 그 느낌이 떠올랐다. 그래, 필요할 때 찾아온 사람, 돕기로 하자.

정작 만나서 사정을 듣고 보니 그가 처한 경제적 형편이 사면초가였다. 차 월부금을 내려고 함께 은행으로 가면서 우리네 삶을 생각해 보았다. 내 배부르면 모두가 다 풍족해 보이고, 내가 아쉬워야 혹한에 내몰린 것 같은 사람의 고통을 함께 느낄 수 있는 거란 생각을 했다.

돌아서 가는 지인의 얼굴빛은 많이 밝아졌지만, 내 마음은 영 개운하지가 않았다. 사실, 아침에 그의 전화를 받으면서 '왜 하필이면 나야?'라는 생각을 했었다.

혹시라도 꿔준 돈을 돌려받지 못하면 어쩌나 마음이 불안했고 예상하지 못한 지출 후에 빡빡해질 내 형편 또한 걱정스러웠다. 그러나 어찌 금전적 결핍만을 '필요'라고 할 수 있으랴. 생각해 보니 나 역시 타인한테서 받은 도움이 셀 수 없이 많았었다.

지쳤을 때 찾아간 친구 집에서 먹었던 된장찌개도, 힘들어하는 나를 보며 웃음 짓던 눈 맞춤도 그때마다 내게는 가장 필요했던 것들이었다.

찜찜한 기분도 바꿀 겸 집으로 가는 길을 벗어나 차 머리를 차타후치 강가로 돌렸다.

낙엽 융단이 깔린 강가에 서서 건너편 숲을 바라보았다. 소나무 숲 위로 쏟아지는 정오의 햇살이 텅 빈 낙엽수 가지에도 내리고 있다.

그러고 보니 계절 따라 싹이 돋고 꽃이 피고 잎이 피고 지는 낙엽수도 있지만, 소나무처럼 늘 푸른 나무도 있다는 것을 잊고 있었다. 나무를 바라보며 자연의 이치를 생각해 보듯, 나 자신을 멀리서 바라볼 수 있었으면 좋겠다.

지인의 부탁을 들어주고도 기분이 개운하지 않았던 건, 손해를 입을까 전전긍긍하던 속마음을 감추고 평온한 척 그를 대하는 위선을 알고 있는 내 양심의 가책 때문이리라.

지천명의 나이를 살건만 아직도 내 이익을 위해서 타인의 삶을 저울질하고, 사람으로서 마땅히 해야 할 일까지 그냥 지나치려 할 수 있는 건지……

"필요할 때 찾아오세요."라고 자신 있게 말할 수 있기를 바란다. 생각과 마음이 시키는 일을 내 몸이 온전히 실천할 수 있기를.

내 말과 행동 사이에 아무런 모순이 없기를. 그로 인해 내가 더 나은 사람이 되기를 꿈꾸어 본다.

나는 내가 생각하는 것보다 더 아름답다

미용실에서 옆 사람과 눈이 마주쳤다.

머리를 짧게 자르고 있는 단정한 모습의 매력적인 은발의 할머니였다. "어쩌면 그렇게 곱게 늙으셨어요, 젊으셨을 때 무척 예쁘셨겠어요."라는 내 말에 "젊어서 예쁘면 뭐하냐."라고 담담하게 대답하셨다.

노인들과 생활하는 직업을 가져서인지, 나이에 걸맞은 멋을 지닌 노인을 만나면 절로 눈길이 간다.

우선은 외모에서 보이는 세련된 멋스러움에서 시선이 멈추지만, 그보다는 그분이 풍기는 당당함과 여유로움의 원천이 무엇인가를 알고 싶은 마음에서 더 끌릴 때가 있다.

내가 보살펴 드리는 노인 중에는 스스로 외모를 비하하거나 자신감을 잃어서 남 앞에 나서기를 꺼리는 분도 있기 때문이다.

나이가 들면 신체의 각 부분이나 몸의 기능이 퇴화하고 변한다. 노화도 죽음만큼이나 피할 수 없다는 걸 알면서도 때로 우리는 몸이 녹스는 것과 맞서보려고 한다. 늙지 않으려 애쓴다는 것이 바로 늙음을 증명하는 일이다.

자신의 나이를 받아들이지 못하고 젊음의 아름다움에만 연연하는 노년의 삶은 행복할 수 없다.

노년의 아름다움은 얼굴의 주름을 펴서 젊음을 유지하는 데 있는 것이 아니라 마음을 다스리고 젊음을 완성하는 것이라는 것을 모르는 사람이 있다.

인생은 편도 여행이다. 어떤 방법을 통해서 몸과 얼굴이 아름다워진다 한들 젊은 시절로 되돌아갈 수는 없다. 과거의 젊음을 지금의 자리에 불러들이는 일은 결국 스스로 학대하는 것이 된다.

미용실에서 만났던 할머니에게 내가 상상한 그의 젊은 시절의 모습에 찬사를 보낸 건 내가 잘못한 일이다. 내 시선을 끌만큼 매력 있는 할머니의 지금 모습이 예쁘다고 해야 했다.

어쩌면 나도 '젊음'은 주목받고 '늙음'은 추해서 감추어야 한다는 사회적 인식에 세뇌된 건지도 모른다.

나는 어떻게 늙게 될까. 사람은 자기중심적이라, 아직 살아보지 못한 시간에 대한 추리력은 생각보다 허약하다.

삶이 언제 어떻게 끝날지 모르지만, 나의 노년을 세월의 흐름에 자유로이 내맡길 수 있으면 좋겠다. 얼굴이나 외모에 나타난 세월의 흔적을 지우려 하기보다는 자연스럽게 다른 사람의 의견도 포용하면서, 나를 향한 비판이나 시선 뒤에 눌리지 않는 당당함을 마음에 간직하고 살 수 있을까.

얼마 전, 도브(Dove) 회사에서 만든 실험 영상광고를 유튜브를 통해서 우연히 보았다. 여러 영상 중에서 내가 가장 크게 감동한 것은 '진정한 아름다움 스케치(real beauty sketch)'라는 영상이었다.

같은 사람의 얼굴을 두 장의 몽타주로 그려서 차이점을 비교하는 실험이었다. 실제 경찰서에서 오래 근무한 법의학 몽타주 전문가가 실험에 참가한 여성 스스로 자신의 얼굴을 묘사하는 대로 그린 첫 번째 것과 다른 사람이 설명하는 여성 얼굴의 두 번째 그림을 비교하는 실험이었다.

완성된 두 장의 몽타주를 보면서 참가자들이 감동의 눈물을 흘렸다.

다른 사람들이 보고 묘사한 말을 듣고 그린 두 번째 얼굴 그림이 평소 생각하던 자신의 모습보다 훨씬 더 아름답고, 행복하고, 밝아 보였기 때문이었다.

이 광고는 '당신은 당신이 생각하는 것보다 더 아름답습니다(You are more beautiful than you think).'라는 문장으로 끝을 맺는다. 이 광고를 보면서 자신의 외모에 자신감을 잃은 노인들에게도 전달하는 의미가 크겠다는 생각을 했다.

외모 때문에 혹은 자신이 늙었다는 생각 때문에 우울한 사람들이 있다면 유튜브에 들어가 'Dove' 영상을 봤으면 좋겠다. 그리고 꼭 기억해야 할 것이다.

'나는 내가 생각하는 것보다 더 아름답다.'라는 것을.

떠나고 나서야 그리워지는 것

어느 순간 엄마가 나를 알아보지 못한다면 어떤 느낌이 들까? 불행하게도 나는 그 느낌을 안다.

가장 행복했던 어린 시절로 돌아가고 싶으셨던 걸까. 어느 날부터 엄마는 나를 '엄마'라고 부르셨다. 내가 더는 엄마의 딸로 머물 수 없다는 것을 느꼈을 때 처음 했던 말은 "엄마, 나 웃기려고 일부러 그러는 거지?"였었다.

낯익은 얼굴을 대하면 엄마는 희미하게 그 기억 속 시간으로 돌아가서 아주 잠깐 그 기억의 주인이 되기도 했지만, 치매는 엄마를 시간 속에서 점점 멀리 밀어내고 있었다.

슬픔과 연민은 시작에 불과했다. 이 세상의 어느 것에도 흥미가 없고 원하는 게 없는 엄마를 보면서 '그때 그렇게 할 걸.' 하는 후회는 죄책감을 불러내어 마음만 쓰리게 할 뿐이었다.

도저히 해결될 수 없는 슬픔을 이겨내는 법을 혼자서 깨우치려 하는 것은 마치 아무 구조물도 보이지 않는 사막을 홀로 걷는 일처럼 막막하고 외로운 일이었다.

엄마의 기억 창고에서 사라진 것은 한 여인의 정체성뿐만이 아니었다. 온갖 시련을 이겨낸 추억으로 이루어진 사랑과 그리움도 함께 사라졌다.

일부러 하지 않고는 생길 수 없는 일이 내 눈앞에서 벌어질 때, 나의 인내의 한계가 바닥을 드러낼 때, 엄마의 치매에 적응하지 못한 좌절감과 허탈함으로 내 마음은 조각이 났고, 반면에 내 기억 속 엄마의 모습도 조금씩 부식되고 있었다.

인생에는 그 지경이 되어 보지 않고서는 이해할 수 없는 것들이 너무나 많다. 저녁마다 집에 간다며 가방에 옷가지들을 넣고 밖으로 나가는 엄마를 차에 태우고 남편이 동네를 한 바퀴 돌고 나야 내 집이 최고라며 집으로 돌아오던 엄마. 제 엄마를 힘들게 하는 할머니를 보다 못해서 "왜 우리 엄마를 괴롭히냐?"라고 대들던 딸아이.

내 힘으로는 떼어 낼 수 없는 엄마의 치매는 나무를 감아 타고 오르는 칡넝쿨처럼 나를 옭아매고 내 가족을 흔들었다.

깜빡 잠이 들었었나, '엄마'라고 부르는 소리에 눈을 떴었다. 언뜻 쳐다본 엄마의 침대가 비어있었다. 반사적으로 일어나 살펴보니 침대 난간에 몸이 끼어 꼼짝달싹 못 하고 있었다.

얼마 동안 그 상태로 있었을까. 애들 머리통도 들어가기 어려울 만큼 좁은 틈새로 어떻게 온몸이 쏙 들어갔을까. 침대에 다시 눕혀놓고 살펴본 엄마의 몸은 뼈만 앙상했다.

엄마의 상한 모습을 속수무책 바라보는 내 마음에 자책과 원망이 또다시 고개를 들었다.

벽에 걸린 사진 속 엄마는 아마 지금 내 나이쯤 되었을까? 유난히 아버지를 쏙 빼닮은 내게, 예쁜 엄마는 한때 내가 닮고 싶은 모델이었다. 금테안경을 끼고 하얀 블라우스에 자색 투피스를 입고 한껏 멋을 부린 모습이다.

맞다. 엄마는 옷을 잘 맞춰 입던 멋쟁이였던 걸 잊었다. 치매 증상이 나타난 후에는 옷을 사드린 적이 없었다. 옷장을 열어보니 죄다 오래전에 입던 옷들뿐이다. 거의 절반으로 줄어든 몸에 옛날 옷들은 다 헐렁했을 텐데.

티셔츠와 바지를 스몰사이즈로 각각 세 벌씩 샀다. 엄마도 예전에 내 옷을 살 때면 색상에 맞춰 돌려 입을 수 있도록 언제나 여러 벌을 한꺼번에 사 주었었다. 일주일에 두 번씩 방문하는 간호사가 달라진 엄마의 옷차림을 보며 예쁘다고 칭찬을 하니 엄마의 얼굴에 웃음이 펴졌다.

엄마의 옷 센스 덕분에 나도 친구들에게 늘 옷이 예쁘다는 소리를 들었었다. 이미 대화를 잊어버린 엄마와 그 모습을 바라보는 '엄마'와의 소통은 침묵뿐이었다.

여섯 벌의 옷을 몇 번이나 돌려 입으시고 나서야 엄마는 떠나셨다. 마치 마지막 순간까지 나를 잊지 않고 있었던 것처럼 내 목을 꼭 껴안아 주고는 눈을 감으셨다.

살다 보니, 떠나고 나서야 그리워지는 것들이 참 많다.

족집게 여사의 평범한 하루

나는 내 나이보다 이십 년 이상 세월을 앞서 산다. 노인 공동체에서 일하는 직업을 가진 탓이다. 그 덕분에 미래의 내 모습을 상상할 필요조차 느끼지 않는다.

매일 만나는 할머니들의 모습이 바로 몇 십 년 후의 내 모습이라고 믿기 때문이다.

내가 하는 일은 주로 입소 신청을 하는 할머니들을 상담하는 일이다.

십 년 넘게 같은 일을 하다 보니 이제는 할머니들 인상만 봐도 과거사를 척척 알아내고, 표정만 보아도 지금 무엇이 문제인지 쏙쏙 뽑아낸다. 그래서 얻은 별명이 '족집게 여사'다. 가끔 스스로 놀랄 정도로 남의 인생을 알아맞히니 이따금 할머니들에게서 혹시 점쟁이 출신 아니냐, 하는 우스갯소리를 듣기도 하지만 그건 절대 아니다.

'족집게 여사'라는 소리를 들을 수 있는 것은 면담할 때 내가 사용하는 몇 가지 소재 덕분이다. 우선은 신청서에 적힌 상담자의 정보를 보고 입소 자격의 유무를 확인하는 것으로 면담을 시작한다.

그러고 나서 고향이나 가족관계 또는 과거의 직업이나 행적을 문답하면서 할머니의 인생사를 듣노라면, 할머니가 사는 동안 겪은 일들이 마치 내 일처럼 느껴져서 저절로 맞장구를 치게 되고, 할머니의 서러움이 마음에 전해진다.

두 번째로 쓰는 소재는 '나이'이다. 세상사에는 '세대'라는 것이 있어서 그 나이 또래들이 겪은 시대상이 있게 마련이다. 같은 연령대를 살며 얻은 시대적 경험이나 속성 또는 공통된 체험을 알면 그 세대가 살아온 역사 속 희로애락을 이해할 수 있다.

예를 들면, 태평양 전쟁이나 일제 강점기 또는 육이오 전쟁의 피난살이 같은 사건들이다. 물론 내가 직접 겪은 일은 아니다.

그러나 내가 상담하는 분들이 내 어머니와 같은 세대이니 내가 자라면서 집안 어른들에게서 들었던 이야기의 간접 경험을 통해서 할머니들의 고충이나 아픔을 조금은 공감할 수 있기 때문이다.

내가 가장 무게를 두는 소재는 '감정'이다. 사람은 감정의 동물이다. 그 감정이란 것이 얼굴에 나타나면 표정이 되고, 표정이 반복되다 보면 결국 인상으로 남는다.

그래서 인상을 잘 살펴보면 그 사람의 성격과 삶의 역사가 보인다. 특히 나이가 들면서 표정이 만든 얼굴 주름은 남이 자신을 평가하는 도구로 쓰이기도 한다.

평생 찌푸린 표정으로 살아온 할머니 얼굴에서 어찌 인자함이 느껴질 수 있고, 늘 긍정적인 마음으로 살아온 얼굴에서 어찌 온유함이 보이지 않을 수 있겠는가. 그러니 할머니의 인상을 보며 과거의 삶을 추적하는 일이 나에게는 그리 어려운 일이 아니다.

오늘은 할머니 한 분이 찾아왔다. 일흔 살 정도로 보이는 할머니다. 입소하기엔 아직 젊다는 생각이 들 정도로 건강하게 느껴졌다. 요리조리 살펴봐도 가늠이 안 된다. 할머니들 표정만 보고도 문제를 쏙쏙 뽑아낸다는 족집게 여사인 나도 당최 알 수가 없다.

입소 신청서를 작성하라고 주니 집에 가서 해오겠다고 가방에 고이 접어 넣었다. 하는 수 없이 이름과 나이 주소를 물어보며 할머니와 상담을 시작해 보았다.

"할머니, 여기 어떻게 오셨어요?"

"택시 타고 왔지요."

"할머니, 성함이 어찌 되시나요."

"일흔이요."

"아니, 이름이요, 나이 말고요."

"구십넷이요."

노인들을 상대하다 보면 웃음이 '빵!' 터지는 일이 많다.

몇 번 질문을 반복한 후, 알아낸 것은 칠십 대로 보이는 할머니의 나이가 아흔네 살이고 이름은 '이룬희'라는 거다. 아들 집에 얹혀사는 게 너무 미안해서 노인 시설 신문광고를 보고는 택시를 불러 타고 왔다고 한다.

아드님이 와야 절차를 시작할 수 있다는 말을 듣고는, 쌍꺼풀 수술 자국이 선명하게 남은 두 눈을 깜빡이는 표정이 마치 어디선가 본 듯하다.

타고 온 택시로 아드님 댁으로 할머니를 돌려보내고 들어가니, 간식 준비를 하던 조리 실장님이 한마디 툭 던진다.

"그 할머니 인상이 완전 '여자 박명수'예요."

오늘은 재미있는 날이다.

2부

그들이 남긴 자리

낡은 금반지

고속도로에서 속력을 내던 차들이 출구 쪽에서 줄줄이 밀린다. 달포 전에 시작한 갓길 확장 공사 때문에 생긴 병목현상 때문인지 출구를 빠져나가려고 줄지어 선 차들의 움직임이 굼벵이 같다.

딱히 바쁜 일도 없으니 느긋하게 기다리자고 생각하다가 문득, 혹시 출구 끝에 걸인이 있는 건 아닌지 슬며시 궁금해진다.

아니나 다를까. 갈 방향에 따라 갈라선 차의 행렬을 따라 시선을 옮기니, 추레한 행색을 한 남자가 출구 왼쪽 갓길에서 카드보드를 들고 서 있다.

저 사람은 차들이 정체되는 시간을 알고 구걸하러 나온 걸까? 내 차가 그 걸인 앞에 서지 않기를 바라지만, 빠져나가는 앞차들의 속도를 보니 걸인과 마주칠 공산이 크다.

나는 걸인을 만나면 잘 대응할 수 있는 자신이 없다. 무조건 무시하면 수전노가 된 것 같아 기분이 씁쓸하고, 억지로 돈을 주면 측은지심이 아닌 걸 아는 속마음이 편치 않다.

오늘은 어떻게 할까, 생각하다가 일 불짜리 지폐 한 장을 꺼낸다. 갈등하는 마음을 일찌감치 정리해 버리는 것이 속이 편하다.

철학자 쇼펜하우어는 "적선이란 걸인이 그 빈궁 상태에서 벗어나게 해 주는 게 아니고, 도리어 그 빈궁 상태를 연장하여 주는 것이다."라고 적선에 대해 반대했다.

나 역시 적선이 걸인을 빈곤에서 벗어나게 할 수 있다고 나는 믿지 않는다. '돈을 줘봤자 술이나 마약에 쓰는 건지도 모르고 혹시 마음 약한 사람들의 호의를 악용하는 조직의 일원일 수도 있겠다.' 하는 생각도 가끔 한다.

그 사이 서너 대의 차가 빠져나가고 내 차가 선두에 섰다. 내 예상대로 그가 내 차를 향해 다가온다. 차창을 내리고 그가 들고 있는 돈 통에 돈을 넣으니 지폐라서인지 잘 들어가지 않는다.

그가 손을 뻗어 돈을 잡는 데, 그의 손가락에 금반지가 끼워져 있다. 찌그러지고 긁혀서 광택은 사라졌지만, 모양새는 분명 결혼반지다. 얼른 그의 얼굴을 보니, 길게 내린 갈색 머리칼에 숨겨진 파란 눈동자의 눈이 퀭하다.

지적인 얼굴이다. 빤히 쳐다보는 내 시선에 놀란 듯 그가 얼른 몸을 돌려 뒤차를 향해 걸어간다.

"저 남자도 결혼했던 적이 있었나 보네. 아내가 먼저 죽었나? 아이들은 없나? 어쩌다 홈리스 피플이 되었을까? 구걸하며 사는 형편이면서도 어떻게 저 금반지를 간직하고 있을까?"

백미러 속으로 멀어지는 그의 뒷모습에 풀기가 없다. 그 모습을 보는 데 왜 난데없이 남편 생각이 떠오르는 건지. 오래전 내가 죽기로 아팠을 때 축 처졌던 남편의 어깨, 그 모습과 저 걸인의 뒷모습이 너무나도 닮았다.

걸인의 행각에 의구심을 품으면서도 나는 왜 번번이 돈을 주는 걸까, 하던 생각이 단번에 사라지고 몇 초도 안 되는 짧은 순간에 내 머릿속에서는 그의 지난날이 마치 한 편의 소설처럼 펼쳐진다.

누구에게든 오래도록 간직하고 싶은 것이 있다. 남의 눈에는 하찮은 물건이지만 나에게는 절대로 버릴 수 없는 것. 애틋하고 아쉬워서 내 품에서 떼어낼 수 없는 것.

그것은 그 물건이 지닌 가치보다 그것에 스며있는 추억이 더욱 귀중하기 때문일 것이다. 내게도 그런 것이 있다.

돌아가신 엄마가 늘 끼고 사시던 금반지다. 내 손가락 굵기가 엄마보다 커서 내가 끼고 다니지는 못하지만, 서랍을 열 때마다 새끼손가락에 끼고 들여다보노라면 생전에 다정하셨던 엄마 모습이 떠올라 혼자 웃곤 한다.

걸인의 낡은 금반지에 자꾸 생각이 머물렀다. 어쩌면 사람은 내 기억 속에 머무는 추억 때문에 지금을 살 수 있는지도 모른다. 찌그러지고 긁혀 빛을 잃은 반지처럼 그의 인생도 역시 순탄치 않았으리라.

구걸의 삶이었으니 때로는 반지를 팔아 연명하고 싶은 적도 있었을 텐데.

그 반지에는 어떤 추억이 담겨 있을까.

행복하게 사는 비결

겨우내 잿빛으로 적적해 보이던 뒤뜰이 갑자기 환해진 것 같다. 무엇이 달라진 걸까 둘러보니 꽃샘추위에 기죽었던 꽃망울들이 가지 위에서 활짝 웃고 있다. 아침 뜰에 내린 정적 한가운데서서 심호흡을 해 본다. 투명한 햇살 아래 다람쥐가 나무를 탄다. 참 행복하다.

삶의 행복에 대해 자주 생각하는 편이다. 노인 시설을 운영하고부터는 더욱 그렇다. 한정된 삶과 죽음의 경계의 극명함을 가까이서 경험하기 때문일 거다. 덕분에 내가 추구하던 행복의 가치나 기준이 많이 바뀌었다.

지위의 높고 낮음, 명예가 있고 없음, 물질의 많고 적음은 내 행복의 가치 기준에서 제외다. 그러나 현실 속의 나는 당연히 물질이 풍족할 때 더 행복하다.

그뿐이랴. 가끔은 나의 풍족과 남의 결핍을 보면서 내 삶 속의 행복의 강도를 견주기도 한다. 부끄러운 아이러니다.

쇼펜하우어는 "행복이란 죽는 것보다 월등히 나은 상태"라고 말했다. 맞는 말이다.

새로운 하루를 맞이하는 일은 내가 살아있음을 증명하는 일이다. 그래서 행복하다. 살아있거나 죽었거나, 둘 중의 하나가 인생사라면 아무리 힘든 삶이라도 죽는 것보다는 낫다.

내 깜냥에 감히 삶의 행복에 대해 어찌 말할 수 있을까마는, 내가 행복할 수 있는 것도 지금 내가 살아있기 때문이리라.

사실, 행복에는 여러 가지 요소가 관련되어 있다.

정신과 육체의 건강, 물질의 조화도 필요하지만 슬픔이든 궁핍이든 질병이든 죽음이든, 살면서 만나는 어려운 일을 극복하려는 의지가 없이는 행복해질 수 없다.

게다가 행복이란 건 참 묘하게도 늘 현재 진행형이다. 행복한 미래를 꿈꾸는 일은 좋지만, 내게 주어지지 않은 것을 생각하면서 불행하다고 할 필요는 없다.

내게 주어진 곤경조차 긍정하고, 지금 가진 것을 즐길 줄 아는 것이 삶의 행복이 아닐까, 라는 생각이다.

'행복'에 대해 생각할 때 가끔 떠오르는 영화가 있다. 십 년 전즈음에 보았던 윌 스미스 주연의 '행복의 추구'라는 영화다. 사업 투자에 실패한 후 생활고에 지친 아내가 주인공 곁을 떠난다.

어린 아들과 함께 노숙자로 전락한 주인공이 공중화장실에서 잠을 자야 하는 절박한 현실을 극복하고, 소위 똑똑한 사람들이 모인다는 증권가의 증권 중개인으로 성공하는 과정을 그린 영화다.

이민자의 눈에는 더 나은 삶을 위해서 고군분투하는 '아메리칸 드림'을 극화시킨 판에 박힌 이야기 같지만, 노숙자에서 월스트리트의 억만장자가 된 사람의 인생역전 실화를 다룬 영화다.

그렇다. 영화 줄거리처럼 처음부터 끝까지 불행하기만 한 삶은 없다. 온전히 행복만 누리는 삶도 없다. 행복과 불행은 마치 손등과 손바닥처럼 서로 떨어질 수 없는 관계로 우리네 삶 속에 늘 공존하고 있다.

중요한 것은 그 행복이 얼마나 지속 할까 하는 것이다. 사람의 마음은 참 간사해서 무언가를 얻고 난 후 만족감은 그 순간이 지나고 나면 급속히 줄어든다. 처음에는 기쁨을 주던 것들이 얼마 지나면 그 행복감은 당연한 것이 되고, 시간이 갈수록 그다지 기쁘지 않고 당연한 것이 되어 더 좋은 것, 더 색다른 것을 찾게 된다.

쾌락 적응 현상이다.

투쟁과 성취를 통해 소유한 행복이 지속할 수 없는 것이라면, 행복이 오래 갈 수 있는 방법은 없는 걸까. 욕심을 버리면 행복할 수 있을까.

그리스의 철학자 피론이 배를 타고 여행하다가 심한 폭풍을 만났다. 사나운 파도에 밀려 배가 기우뚱거리자 승객들은 허둥대기 시작했고, 악을 쓰며 살길을 찾아내려 우왕좌왕하는 바람에 배 안은 갑자기 아수라장이 되어 버렸다.

그때 한 승객만은 마음의 평정을 잃지 않고 구석에 말없이 앉아 있었다. 그 승객은 누구였을까. 바로 돼지였다. 피론의 돼지 이야기다.

죽음 앞에서 여전히 행복한 표정을 지을 수 있는 것은 돼지뿐이다. 어찌 보면, 행복하게 사는 비결은 아주 간단할 수도 있겠다.

관계 정리의 미학

옛날에 원숭이를 잡으려면 호리병에 사탕 세 알을 넣어 두었다고 한다. 원숭이가 호리병 안에 손을 넣어 사탕을 쥔 채 손을 빼려고 용을 쓰는 동안 사람들이 원숭이를 잡았다고 한다. 원숭이가 잡힌 건 결국 사탕 세 알 때문이란 소리다.

그 사탕 세 알을 움켜쥔 손만 놓으면 자유로울 수 있었는데, 원숭이는 그 손을 놓지 못했다. 나는 손에 무엇을 움켜쥐고 있는 걸까.

안온한 일상을 누리고 싶다는 생각이 드는 것을 보니 분명 나이 듦의 징조다. 언젠가부터 모임에 참석하거나 사람들을 자주 만나는 것에 마음과 몸이 부대낀다.

하기야 젊어서부터 긴밀한 인간관계로 맺어진 사람이 아니면 만나는 것을 꺼리는 성격이기도 했지만, 열정적인 삶은 역시 체력에서 나오는 것이라는 걸 요즘 부쩍 느낀다.

사실, 올해 초부터는 잦은 모임에 참석하는 일을 삼가고 있다.

특별한 일 없이 지인들을 만나 잡담으로 시간을 보내는 일도 줄였다. 불가피한 일이 아니면 사람을 직접 만나기보다는 이메일로 대신하고, 지인들하고는 문자 메시지로 소식을 주고받는다.

바쁜 일상을 해내느라 심신이 피곤한 까닭도 있지만, 그보다 일상을 정리해서라도 허투루 보내는 시간을 절약하고 싶은 마음 때문이다.

바쁘게 사는 게 싫다. 젊다고 할 수는 없지만, 아직 법률상의 노인(메디케어가 있는 나이)도 아닌 내가 바쁜 일상에서 벗어나려 하는 것은 어찌 보면 조급함 일 수도 있다.

몇 달 전에 갑작스레 동생을 잃지 않았더라면, 아마도 나는 인생이란 게 내 각본대로 움직이는 게 아니란 것을 깨닫지 못했을 것이고, '나중'을 위해서 '지금'을 혹사하는 삶이 얼마나 허무하게 무너지는지도 몰랐을 것이다.

어쨌든 나는 삶을 간결하게 만들기 위해서 일상의 다운사이징을 시도하였다.

나에게 '간결한 일상'이란 '나만을 위한 시간'을 갖는다는 의미다. 아직 밥벌이의 현역에서 뛰는 내가 '나만의 시간'을 가진다는 것이 현실적으로 쉽지 않다. 인간관계나 모임을 정리하지 않고는 나만의 시간을 만들어 낼 수가 없다.

모임은 참석하지 않으면 그만이지만 인간관계를 정리하는 일은 어찌 보면 너무나 이기적인 것 같아 조금은 불안했다.

그러나 만남이 소원해지면 관계도 틀어질 것으로 생각한 것은 기우였다. 처음에 지인들과 연락을 끊는 것을 행동으로 옮기려니 망설여졌다.

내가 너무 폐쇄적인 것은 아닌지, 이러다 친구가 다 떨어지는 것은 아닌지, 사회생활에서 고립되는 것은 아닌지 내심 불안했다. 그러나 관계에서 멀어지니 그 관계의 진정성도 보였다. 인간관계에서 마음을 비우고 나니 오히려 만남이 자유로워졌다.

누구나 나이가 들면 체력의 한계를 느끼고 안온한 일상을 갖기 원한다. 누군가의 죽음을 통해서야 비로소 내가 숨 쉬는 이 순간의 귀중함 깨닫는다.

생각해 보면 이 모든 일은 자연의 섭리다. 떨켜의 물기가 마르면 나뭇잎이 떨어지는 것처럼, 번잡한 관계의 옷을 벗어야 간결한 삶을 얻을 수 있고 혼자만의 시간을 즐길 수 있으니 이 또한 인생사의 이치가 아닐는지.

이제 나는 꼭 하고 싶은 일을 하며 '나만의 시간'을 보낸다. 설사 그 시간에 내가 하고 싶은 일이 잠자는 것이더라도, 피곤함에 밀려 졸음에 빠지는 것이 아니라 내가 선택한 잠을 잔다.

이 만족감이 먹고 사는 일에도 즐거움을 더하는 것을 보면 '나만의 시간'을 갖는 것이 행복할 기회인 것은 분명하다. 결승점을 향한 경마장의 말처럼 뛰던 내 삶은 이제는 여유롭다.

온종일 바쁘다고 볼멘소리를 하고서도, 누군가 부르면 퇴근 후의 피곤한 몸으로 달려가고 있는 건 아닌지 살펴보라. 삶이 간결해야 나 자신의 삶을 볼 수 있다. 인간관계의 정리는 상실이 아니다.

엄마의 뒷심

타국에 사는 동안 보이지 않는 편견과 차별을 겪다 보면 사소한 일에도 과민하게 반응할 때가 있다. 특히, 그 일이 자식에 관한 일이면 그냥 흘려보내지 못하는 게 엄마 마음이다.

학교에서 돌아온 딸애가 과학 실험실에서 있었던 일을 이야기하며 눈물을 뚝뚝 떨궜다. 자초지종을 듣고 보니 그리 야단맞을 짓을 한 것도 아니었다. 야무진 성격이라 제 할 말은 하는 아이가 울기까지 하는 것을 보니 예사롭게 넘길 일이 아닌 것 같았다.

그렇다고 교실에서 벌어진 일을 꼬치꼬치 따지는 것도 스승을 하늘처럼 여기는 우리 정서에 그리 쉬운 일이 아니고, 안으로 굽은 팔을 그냥 두자니 답답한 가슴에서 한숨만 새어 나왔다.

선생님도 사람이니 항상 같을 수는 없겠지. 지난밤 부부 싸움한 분풀이를 할 수도 있겠고, 투자한 주식이 폭락해서 꼭지가 돌아버릴 수도 있겠지.

아이를 달래 볼까. 아니야. 혹시 아이가 차별당하는 거면 어쩌지? 무조건 아이가 잘못해서 그러려니 속단하는 건 옳은 게 아닌지도 몰라. 이런저런 생각들로 밤늦도록 잠을 쫓다 보니 나의 뇌 속에 박혀있던 사십 년 전의 기억 하나가 떠올랐다.

초등학교 때 일이었다. 쉬는 시간에 짝꿍과 함께 교문 밖으로 나가 과자를 사 먹었다. 등교 후엔 교문 밖을 나가서는 안 된다는 학칙을 어긴 것이다. 그런데 하필이면 그때 교정 밖을 바라보고 있던 담임선생님 눈에 딱 걸렸다. 선생님이 우리를 부르더니 다짜고짜 따귀를 갈겼다.

화가 난 선생님의 손힘이 얼마나 셌는지 뺨을 맞은 열두 살배기 아이들은 휘청거리며 교단을 굴러 교실 바닥까지 튕겨 나가 쓰러졌다.

이 사건이 내 기억 속에 트라우마처럼 각인된 것은 그때 맞은 따귀가 아파서만은 아니었다. 방과 후, 숨이 턱에 닿을 듯이 뛰어 벌건 손자국이 달린 뺨을 엄마에게 보이며 그 일을 일렀다.

그러나 무슨 짓을 해도 내 편일 거라고 믿었던 엄마는 오히려 선생님을 두둔하셨다. 그때, 내가 엄마가 되면 나는 절대로 엄마처럼 하지 않으리라는 결심을 했었다.

결국, 나는 새벽녘에야 '내 딸이 실험실에서 당신에게 야단맞은 일을 이야기하면서 우는 데, 무슨 잘못을 하였기에 꾸중하셨는지 궁금하다. 엄마로서, 그 내용을 알고 싶으니 아무 때고 상담 시간을 정해 주면 찾아가겠다.'라고 쓴 이메일을 선생에게 보냈다. 반응은 뜻밖에 빨랐다.

마음 졸이며 편지 쓴 시간에 비교하면, 그가 보낸 답장은 눈 깜작할 새 만큼 짧았다. 실험 중에 옆 사람과 이야기를 하는 것을 지적했던 것일 뿐, 큰 문제는 아니라는 내용이었다.

방과 후, 아이는 그 선생님이 자기를 대하는 태도가 예전과는 너무나 다르다면서 생글거리며 돌아왔다. 엄마가 제 마음을 알아주고 선생님에게 나서 준 것이 좋은지 사근사근 살갑다.

미국에서 태어나고 자란 아이에게 언어와 문화가 다른 곳에서 자란 내가 해줄 수 있는 일이 무엇이겠는가. 엄마의 뒷배가 얼마나 큰 힘이 되는지 알려 주고 싶은 엄마의 희망을 과욕이라고 생각하고 싶지 않다.

긴 터울로 태어난 덕분에 나는 외동처럼 엄마를 독차지하고 자랐다.

입시공부라는 명분 아래 딸의 속옷 한 장 제 손으로 빨게 한 적이 없었고, 따끈한 점심을 먹이려고 금방 지은 밥을 싸 들고 학교로 오는 일도 마다하지 않으셨던 엄마였으니, 내가 아이를 낳고 기르는 동안 엄마를 떠올리면서 감탄했을 추억들이 어디 한두 가지뿐이었으랴.

그러나 사십 년 전 어느 날 엄마에게 느꼈던 단 한 번의 실망감이 그 많은 추억을 젖히고 지금도 가시처럼 가슴에 꽂혀 있는 것을 보면, 오늘 내가 보여준 엄마의 뒷배는 앞으로 아이가 힘든 세상을 살다 지칠 때, 다시 설 수 있는 추억이 되리라 믿는다.

침묵의 의미

옛날 어느 나라의 왕이 미래에 부국을 이루고자 온 국민에게 구구단을 외우게 하였다. 그래서 온 국민이 구구단을 외우느라 흥얼거리며 살았다.

어느 날 길을 가던 사람이 제 옆을 지나가는 사람이 외우는 구구단 소리를 듣게 되었다.

"칠팔은 오십오, 칠구는 …"

"어? 그게 아닌데… 보시오, 지금 칠팔은 오십오라 하시었소?"

"그렇소, 왜 그러시오?"

"칠팔은 오십육이지 어찌 오십오라 하시오"

"아니 칠팔이 오십오지 어찌 오십육이 된단 말이오."

그들의 논쟁이 끝이 나지 않게 되자 결국 두 사람은 왕의 앞에 가게 되었다.

자초지종을 듣고 난 왕이 신하들에게 명령을 내렸다.

"오십오라고 한 사람은 집으로 보내고 오십육이라 한 녀석을 잡아 형틀에 묶어라."

"오, 왕이시여, 구구단도 모르는 미련한 자는 용서하시고 어찌하여 맞는 답을 말한 저를 벌주려 하시나이까?"

"오냐, 좋다. 내가 그 이유를 설명하고 나서도 네가 억울하다 한다면 보내 주마."

"…."

"오십오라 말한 사람은 미련한 죄 하나로 족하지만 오십육이라는 것을 아는 너는 미련한 놈과 시시비비를 가리려 하였으니 더 미련한 놈이 아니더냐. 네놈이 제정신이었다면 어찌 그리 할 수 있겠느냐. 개와 어울려 뒹굴면 개판이 되고 개와 맞붙어 싸우면 개싸움이 되는 걸 네가 어찌 모르느냐. 그래도 억울하냐?"

"오, 왕이시여, 미련한 놈과 다투어 그 죄가 하나가 아닌 둘이 되었다는 말씀이 지당하오니 저 그 죄를 달게 받겠나이다."

오래전 『구구단을 외워라』라는 글을 읽다가 미련함과 지혜로움의 차이를 생각해 보았던 예문이다.

삶의 방법에 유일한 법칙이 있을 수는 없다. 구구단의 오답을 정정하여 깨우치게 하려는 사람과 서로 같이 어울릴 수 없는 수준의 상대와 맞서려는 것부터가 잘못이라는 왕의 심판을 읽으면서 어떤 문제를 피할 수 있는 것도 지혜로움이라는 생각을 했었다. 어쩌면 이 이야기가 내 기억에 오래 남아있는 것도 그 때문인지도 모른다.

과거에 나는 어떤 일의 옳고 그름을 알면서도 고의로 자기 생각을 감추는 건 비겁한 짓이라고 생각했다. 성격도 조금은 다혈질이다 보니 내 생각이나 느낌을 솔직하게 표현하는 편이었다.

그래서 때론 본의 아니게 상대의 마음을 다치게 하는 우를 범하기도 했고, 때로는 그 솔직함 때문에 내가 화를 입기도 했다. 그러나 요즘은 나와 정반대의 의견을 말하는 사람을 대할 때, 저 사람은 왜 그렇게 생각하는지, 혹시 내가 잘못 아는 것은 아닌지를 따지기보다는 소리 없이 관망한다.

며칠 전, 모임에서 A와 B, 두 지인이 미국 사회복지제도에 대한 이견으로 대립하는 일이 있었다. A의 의견으로는 B의 오해가 확실하였고 내 상식으로 봐도 잘못 알고 있는 쪽은 B이었으나, B의 태도가 너무 강경해서 B가 틀린 것 같다는 내 의견을 말하려니 부담스러웠다.

그 자리에 함께한 다른 사람들 모두 가만히 있는지라 어떻게 할까 망설이다가 결국 나도 묵묵히 앉아 있었다.

자기 생각이나 의견을 솔직하게 남에게 말하기는 쉽지 않다. 용기가 필요한 일이다. 어쩌면 침묵하는 것이 더 편한 처세술인지도 모른다.

어느 경우에서든지 대의를 따라가면 무난할 테고, 자기 뜻을 밝히지 않으니 후에 분란이 생겨도 화를 당하는 일도 없을 것이다. 또한, 맞서지 않았으니 인간관계에 균열이 생기는 일도 없겠다.

그런데 며칠이 지난 지금까지도 왜 이리 마음이 편치 않을까.

다른 곳에서 똑같은 문제로 B가 실수할 수도 있겠다는 생각을 하면, 내가 비겁한 짓을 한 것은 아닌가 싶어 마음이 울렁거린다.

옳고 그름의 해답이 분명하게 있는 문제로 대립하는 두 사람을 침묵으로 대했던 행동은 과연 지혜로운 것이었을까.

지금 내가 해야 할 일

저녁 일을 마치고 방을 향해 가던 발걸음을 돌려 선 룸 흔들의자로 옮긴다.

집 뒤 숲 소나무 가지 사이에 걸린 불그름한 저녁놀과 사방에서 밀려오는 어스름 그리고 정적. 지금 내 앞에 놓인 고즈넉한 늦저녁의 우리 집 풍경이다.

온종일 일상을 따라 종종걸음 하던 나의 하루도 서서히 휴식을 준비한다. 평화롭다. 지금 이 시각, 내가 살아 숨 쉬고 있다는 것은 소중한 행복이다.

갑자기 내게 다가오는 화두, '죽음'이다. 늦저녁, 아늑한 선 룸 흔들의자에 앉아서 '죽음'이라는 무거운 주제를 떠올리는 까닭은, 조금 전에 지인을 통해서 들었던 부음 때문이다.

고인은 생전에 뵌 적은 없지만, 신문의 칼럼과 방송을 통해서 자주 접했던 분이다. 몇 달 전 갑작스레 떠난 내 동생처럼 그분의 죽음도 예상치 못했던 일이라선지 가슴에서 '쿵' 소리가 났다.

세상에 무병장수를 원하지 않는 사람이 있을까. 나는 백 살까지 살 거라는 말을 농담처럼 자주 한다. 젊은 나이에 죽음이 임박했던 두려움을 경험했던 탓인지, 나는 정말 백 살까지 살고 싶다는 생각을 한다.

그러나 애석하게도 진실은 누구도 나 자신이 몇 살까지 살 것인지를 모른다는 것이다. 그런데도 나는 아직도 마음속에서 하고 싶은 일들을 계속 '이다음에'로 미루는 어리석음을 저지르며 산다.

우리는 흔히 행복한 삶, 건강한 삶만 생각한다. 그래서인지 우리 사회에서 웰빙(Well-Being)이란 말이 유행한 적이 있다.

사람들은 흔히 웰빙을 단지 잘 먹고 잘산다는 뜻으로 이해하는데, '잘 산다'라는 말에서 '잘'에 부여되는 의미는 삶의 여러 가지 모습을 내포하고 있는 것 같다.

웰빙과 관련해 결코 간과해서는 안 되는 문제가 바로 죽음이다. 웰빙의 참뜻은 웰다잉까지 연결되는 것인 만큼, 웰빙만을 삶의 문제로 한정시킬 게 아니라 웰다잉에까지 확대해야 한다.

언젠가부터는 카르페 디엠(carpe diem)이 우리 정서에 강하게 자리 잡고 있다. 오늘을 붙잡아라. 카르페 디엠이 뜻하는 진실은 순간과 경험의 가치를 소중하게 여겨 지금의 삶을 영위하라는 뜻이리라.

양로원에서 내가 처음 일을 시작했을 때 노인들로부터 느낀 것은 두 가지였다.

첫째는 나이에 따라서 정서도 함께 변하는 것이다. 나이 듦의 정서는 생활을 보다 단순하게 이끌고, 소소한 관심거리로 삶의 시간을 채우며 사는 모습과 체력의 감소를 자연스럽게 의식하면서 과욕을 버리고 사는 노인들의 모습에 감동하였다.

둘째는 자신에게 주어진 시간이 제한되어 있다는 것을 노인들 스스로 받아들이고 있다는 거였다. 무엇을 할 것인가 보다는 어떻게 인생을 살아야 하는지를 알아서 죽음을 평온하게 맞을 수 있는 준비를 조금씩 해가는 모습이 인상적이었다.

나이순대로 생명을 거두는 것이 삶의 순리가 아닌 듯하다. 또한 사람의 임종 소식에 나의 저녁이 힘을 잃고 휘청거린다. 죽음은 나이와 관계없이 누구에게나 언제든지 찾아올 수 있다는 사실에 놀란 내 기억은 애써 등 돌려보냈던 슬픈 얼굴들을 다시 불러들인다.

인간지사 중에서 죽음의 이별만큼 날카로운 슬픔이 있을까.

그러나 슬픔의 아픔을 느끼는 것은 오로지 남은 자의 몫이다. 그런 점에서 내가 죽고 난 뒤, 나를 사랑하는 이들이 덜 슬프도록 배려하는 것도 사는 동안 준비해야 할 일이 아닌가 하는 생각을 잠시 해본다.

오늘 떠나신 그분도 생전에 당신이 사랑하는 이들에게 하고픈 말을 다 하셨기를 바라본다.

만약에 내게 주어진 시간이 한정되어 있다면 내가 사랑하는 이들에게 해야 할 가장 중요한 일은 무엇일까.

답을 찾았다면 지금 즉시 행동으로 옮겨 보자.

순간순간마다
새로 시작하듯

이십 대부터 칠십 대 나이의 사람들이 참가한 어느 세미나에서 사람의 일생을 직선으로 표시했다. 그리고 청중에게 그 선 위에 자신이 서 있다고 생각되는 곳에 점을 찍으라고 했다. 참가자들 대부분은 그 직선을 적당히 배분한 후, 자신의 나이를 표시하기에 합당하다고 생각되는 지점에 점을 찍었다.

결과를 보니, 직선이 시작되는 첫 부분에 점을 찍은 사람이 딱 한 명이 있었다.

그 사람의 나이는 몇 살이었을까. 스무 살? 아니었다. 놀랍게도 그는 70대 중반의 나이였다. 의아해하는 사람들이 묻자, 그는 매 순간마다 새로운 인생의 출발점에 있다고 믿기 때문이라는 대답이었다.

이 이야기는 남강의 『적은 내 안에 있다』라는 책에서 읽은 내용이다.

포기냐, 재도전이냐를 놓고 고민할 때가 있었다. 어디로 가는지도 모르는 채, 남의 등에 업힌 듯 시작한 사업이 생각처럼 쉬운 일이 아니었다. 정신을 차리고, 사방을 둘러보았을 때는 이미 사막 한가운데에서 길을 찾아야 하는 지경이었다.

불투명한 미래를 생각하면 늘 우울했고, 급기야는 입맛을 잃고 체중이 줄기 시작했다. 침체한 속내를 감추느라 남들 앞에서는 명랑하고 쾌활한 모습으로 나를 포장했지만, 혼자 있는 시간이면 소리 없이 세상에서 사라지고 싶다는 생각도 했다.

당시 유명 배우의 자살 소식은 내가 전혀 상상하지 못했을 만큼 큰 충격이었다. 젊은 배우가 우울증을 앓았다는 것 때문이 아니라, 돈과 명예를 거머쥔 그가 생을 포기했다는 사실이 더 큰 충격이었다.

물질의 결핍 때문에 고민하던 내게 삶을 지탱하는 것은 물질뿐이 아니라는 것을 다시금 깨닫게 한 사건이었다.

그렇다. 먼저 생각하지 않고 어떤 느낌이 들게 되기란 신경학적으로 볼 때 절대 불가능하다. 화나는 일이 없는데 분노할 수 없고, 슬픈 생각을 하지 않고서 슬픔을 느낄 수는 없다. 그렇듯이 절망감이나 우울함은 늘 부정적이고 비관적인 생각이 만들어 낸다.

생각과 느낌의 사이에서 생기는 원인과 결과는 상상을 초월하는 강력한 부착력이 있기 때문이다.

위의 책에서 언급한 일흔을 넘긴 노인처럼 순간순간마다 새로 시작하듯 살 수 있다면 얼마나 좋을까. 돌이켜 보니, 사는 동안 나는 '이미 늦었다.'라는 생각을 참 많이 했다.

지금 이야기가 아니라, 삼십 대에도, 사십 대에도 나는 언제나 무엇인가 새로 시작하기엔 너무 늦었다고 믿었다. 그 생각 때문에 포기하였던 일들은 또 얼마나 많았던가.

그렇다면 내게 늦지 않은 때는 과연 언제일까.

불황을 이기지 못해서 사업을 접었던 지인에게서 오랜만에 소식이 왔다. 집을 손질해서 게스트 하우스를 열었다고 한다. 이르다고 할 수 없는 나이에 그가 선택한 새로운 도전이다.

몇 달 전, 급작스레 남편을 잃고 갈피를 못 잡던 의동생의 아내도 홀로서기에 도전 중이다. 남편의 이혼 요구에 마음을 추스르지 못하던 후배도 마음을 결정하고 새로운 일에 도전하고 보니 오히려 사는 일이 가뜬하다고 한다.

사람은 살아 있거나 죽었거나 둘 중의 하나이다. 사는 일이 힘들거나 무의미해서 죽음보다 못한 삶을 산다고 생각해도 살아있는 것은 사실이다.

"행복이란 죽는 것보다는 월등히 나은 상태"라고 쇼펜하우어가 말했듯이 현재 주어진 삶이 어떠한 것이든 죽는 것보다는 행복한 일인 것만큼은 분명한 듯하다.

예습도 할 수 없고 재탕도 안 되는 한 번뿐인 내 삶이 불행하기를 원하는가, 행복하기를 원하는가 아니면 더 행복하기를 원하는가? 그중에 하나를 선택하는 일은 오직 내 몫일 뿐이다.

게으름을 위한 변명

이상하게 일이 꼬이는 날이 있다.

귀걸이를 걸다가 실수로 떨어뜨린 한쪽이 감쪽같이 사라져 버린다든지. 옷걸이에 잘 걸어둔 옷이 밤새 바닥에 떨어져 입을 수 없게 구겨졌다든지. 다리려는 옷이 달궈진 다리미에 눌어붙어 버린다든지. 그런 일들이 일어나는 경우다.

아침에 일어나니 갑자기 기온이 뚝 떨어졌다. 날씨에 맞춰 다시 옷을 골라 입다 보니 미팅 시간에 겨우 턱걸이를 했다. 미팅을 막 시작하였는데 진동으로 돌려놓은 전화기가 덜덜거린다.

돌봐 드리는 할머니 한 분이 의자에서 넘어져 응급실로 보내는 중이라는 스태프의 보고다. 구십 세에 가까운 분이라 혹시나 하는 불길한 마음에 급히 미팅 장소를 빠져나와 병원을 향해 달렸다.

다행히 복용하는 혈압약에서 온 탈수증상이라 치료가 끝나면 귀가해도 된다는 간호사의 설명이다. 기다리는 동안 병원 대기실 의자에 앉아 잠깐 눈을 감고 긴장감을 풀어 본다.

직업상 자주 반복되는 일인데도 사람의 생명에 관한 일이라선지 번번이 용수철처럼 반응하게 된다.

연락을 받고 찾아온 할머니의 가족과 함께 퇴원 절차를 밟고 나서야 퇴근할 수 있었다. 어깨가 당기고 속은 비어 에너지 고갈 상태, 일상의 경직 현상이다. 그저 두 다리 쭉 뻗고 뻥 뚫린 하늘이 보이는 호숫가에서 누워 쉴 수 있으면 좋겠다는 생각뿐이다.

이럴 때면 내가 아팔라치안 산맥 끝자락에 산다는 것이 행운이라는 생각을 한다. 고개를 돌리면 어디든지 숲이 있고, 숲 사이로 오 분 정도만 걸으면, 마음을 탁 틔게 하는 호수가 있다.

오늘도 집 근처 호숫가를 목적지로 정했다. 집으로 가는 길에 가끔 내가 들르는 곳이다. 사람의 손길보다는 자연 그대로의 모습인 이곳은 나의 오아시스다.

나무벤치에 앉아 오가는 오리 떼를 바라보기도 하고, 틈틈이 쓰다만 수필을 마무리하는 곳이기도 하고, 무심히 떠오른 한 줄의 시구에 흥겨워진 마음으로 혼자 산책하는 장소도 바로 이곳이다.

투명한 하늘과 저녁 햇살을 머금은 우윳빛 뭉게구름, 바람결에 고갯짓하는 나뭇잎들. 파란 하늘이 내려와 앉은 듯 하늘빛에 물든 호수와 사방을 둘러싼 푸른 수풀. 어느 것 하나 자연스럽지 않은 것이 없다.

장난삼아 던져본 작은 나뭇가지가 만든 파문이 수면 위에서 살랑거린다. 소리 없는 움직임은 언제나 평화롭다. 종종걸음 치던 하루의 긴장감이 어느새 사라져 버린다.

삶은 언제나 까다롭고 성가신 일을 던져 주고는 잘 해결해 보라고 요구한다.

아침부터 꼬여버린 일상, 결과를 얻지 못한 미팅, 일과 관련된 중압감, 시큰거리는 발목, 이런 것을 해결하려 동동거리는 내 몸짓이 일 년 뒤 내 삶에서 얼마나 중요한 일이 되어 있을까.

마음을 비운다. 이 시간, 내게 주어진 여유가 너무나 귀하게 느껴진다.

내가 가끔 읊조리는 시 한 편이 있다. 영국 시인 윌리엄 헨리 데이비즈가 쓴 '여유'라는 시다.

그게 무슨 인생이겠는가 근심만 가득 차 멈춰 서서 바라볼 시간이 없다면

양이나 젖소처럼 나뭇가지 아래 서서 물끄러미 바라볼 시간이 없다면

숲을 지나면서 다람쥐가 풀밭에 도토리 숨기는 걸 볼 시간이 없다면

한낮에도 밤하늘처럼 별 가득 찬 시냇물을 바라볼 시간이 없다면
미인의 눈길에 돌아서서 그 아리따운 발걸음을 지켜볼 시간이 없다면
눈에서 비롯해 입으로 곱게 번지는 그 미소를 기다릴 시간이 없다면
참 딱한 인생 아니랴, 근심만 가득 차 멈춰 서서 바라볼 시간이 없다면.

맞다. 잠시 멈춰서 바라보는 여유를 즐길 수 없다면 그게 무슨 인생이냐고 옛 시인이 말했다. 그래, 오늘은 여유로운 내 인생을 위해서 하늘과 숲과 호수를 바라보련다.

남편의 저녁밥이 조금 늦어지면 어떻고, 먹을거리를 찾지 못한 아이들이 나를 게으르다 질책한들 무엇이 그리 큰 문제가 되랴.

사랑의 역주행

기대했던 것보다 더 큰 반가움으로 흥분했던 모임이었다. 오랜만에 만난 중늙은이들이 서로의 건강을 챙기고 가족들의 안부를 물으며 철부지 아이들처럼 깔깔거렸다.

한 친구는 자신이 꼭 한턱내야 할 일이 생겼다며 식사 대금 전부를 부담했고, 다른 친구는 공돈이 생겨서 2차는 반드시 저가 사야 한다면서 찻집을 향해 앞장섰다.

이 모임의 진짜 이유는 따로 있었다. 치매 부모님을 모시는 B 여사의 마음고생을 조금이나마 위로해 주려는 계획이 숨어있었다.

일 년 전 즈음, 치매 어머니를 병간호하려 자신의 사회생활을 접었던 B 여사의 모습은 마치 소금에 전 무처럼 힘이 없어 보였다. 늘 어린애 같은 눈망울을 깜빡이며 센스 있는 유머로 우리를 웃게 해주던 B 여사의 지친 표정에서 병구완의 어려움이 절로 보였다.

모임의 대화는 치매 부모님의 걱정으로 시작했지만 늙어가는 우리들의 미래를 걱정하는 것으로 끝이 났다.

모임을 마치고 집으로 돌아오면서, 나는 친구들과 나누었던 이야기를 다시 떠올려 보았다. 그러다 보니 잠시 우울한 기분에 빠져들었다. 어느 날, 내가 스스로 삶을 주장할 수 없게 된다면, 그보다 내가 늙어 내 자식의 인생을 좀먹는 존재가 된다면, 그보다 더 속상한 일이 어디 있을까.

내가 노인들과 함께 생활한 지도 어느새 십 년이 훌쩍 넘었다. 그동안 노인들과 동고동락하며 내가 중요하게 생각하는 것이 한 가지 있다.

그것은 내가 나중에 치매에 걸리면 어쩌나 하는 걱정보다는 오히려 신체적 결함을 남기는 뇌혈관성 질병을 얻는 것을 더 두려워해야 한다는 것이다.

사실, 치매를 무서운 병이라고 말하는 대부분 사람은 치매에 걸린 당사자가 아니라 그를 돌보는 가족들이다.

반면에, 어느 날 갑자기 발병하여 신체 마비 후유증을 남기는 뇌졸중의 경우는 간병인도 힘들지만, 환자의 정신적 고통 또한 만만치 않다.

혼자서 일상생활을 해나갈 수 없게 된 것에서 오는 자괴감을 극복하는 일도 환자 스스로의 몫이기 때문이다.

엄마의 치매 증상에 맞서서 힘들게 보냈던 시절이 내게도 있었다.

눈만 뜨면 반복하는 기이한 행동과 끊임없는 이어지는 같은 질문. 가도 가도 끝이 보이지 않는 자갈길을 맨발로 홀로 걷는 듯한 심정에서 자신도 모르게 터져 나오는 짜증.

자식을 위해서라면 자기 살이라도 베어 먹일 양 사셨던 엄마의 지난날을 생각한다면 그래선 안 되는데, 가족에게 일생을 헌납했던 엄마에게 그런 대접을 해서는 절대 안 되는데, 하는 후회.

너무 쉽고 너무 편했던 사이여서 생각 없이 뱉은 표현이나 행동은 부메랑이 되어 내 마음을 후비고 깊은 상처가 되었다.

엄마가 떠나고 나서야 엄마의 치매 때문에 당혹하고 근심했던 시절의 감정과 원망이 다 내 탓이었음을 알았다.

뉴스를 보니 한국의 새 정부에서는 치매를 국가 책임제로 하는 정책을 추진한다고 한다. 다행한 일이다. 이제 치매가 더는 나만의 일이 아니다.

양로원을 찾는 문의 전화의 반 이상이 부모의 치매 때문에 고통 받는 내용인 걸 봐도 노환 중에서 가장 심각한 것이 치매다.

만사를 제치고 치매 부모를 병간호하는 B 여사의 상황이 이해되지만, 부모의 병구완을 하면서 받는 정신적인 스트레스나 느낌은 너무 미묘해서 직접 겪어보지 않고는 섣불리 위로할 수도 없다.

치매 엄마를 병구완하는 사람을 위로한답시고 몇 마디 했더니 차가운 표정으로 "엄마 한 사람 길러 봤어요?"라고 묻더라는 지인의 이야기를 들은 적이 있다.

그렇다. 치매 부모를 병간호하는 일은 사랑의 역주행이다. 아무려면 사랑이 한 방향으로만 흐르랴. 자식을 향해 흐르던 부모 사랑의 물결을 이제는 거꾸로 흐르게 하는 거다.

이런저런 힘든 일이 많은 세상에서 지금까지 아무 탈 없이 잘 사는 것도 따지고 보면 모두 부모님 덕분이 아니겠는가.

아날로그적 삶을 그리며

혼자 감당하기 어려운 슬픔을 당하면 누군가와 함께 그 느낌을 나누고 싶은 것이 사람의 마음이다.

누군가에게 마음을 풀어놓고 싶은 날, 휴대전화에 저장된 연락처를 뒤적여 봐도 적당한 이름을 찾지 못해 쓸쓸했던 경험은 누구에게나 한 번쯤 있지 않을까 싶다.

수백 개의 전화번호가 모두 직업적인 관련만 있는 사람이라면, 이 얼마나 메마르고 푸석한 삶인가.

사람은 타인과 더불어 산다. 세상 속에서 사람과 부딪히며 온기를 느끼며 사는 것이 인생 지사다.

그러나 서로 가진 것을 주고받으며 살아도 외롭기는 마찬가지다. 외롭지 않으려고 무리를 찾는다. 종교를 따라서, 취미에 맞추어, 학연이나 지연을 따라서 모인다.

그러나 세상이 발달할수록 사람의 관계는 서로 필요에 따라 다니고 필요에 따라 훌쩍 돌아서기도 한다.

친하다고 믿었던 사람과 관계가 소원해지고 나서야 자신의 이익을 위해서 유지했던 관계였음을 뒤늦게 깨닫는 일도 허다하다. 참 허전하고 마음 아픈 일이다.

요즘은 온라인에서 맺는 형식적인 관계가 현대인의 필수조건인 양 유행처럼 번지고 있다.

눈길 한 번 스치지 않았어도 마치 댕기 머리 친구를 만난 듯 이야기를 풀어낸다. 관계의 착각이다.

기술이 발달하고 지식이 늘어가도 정전 삼십 분이면 세상이나 타인뿐 아니라 자신과도 단절이다. 이 점이 바로 세상은 디지털화되어도 마음은 아날로그 상태로 지속하여야 한다는 나의 지론을 뒷받침해주는 이유이다.

다행히도 나는 내 직업 덕분에 여러 성품의 노인들을 본다.

그런 면에서 보면 나는 복 받은 셈이다. 최소한 사람 냄새, 지지고 볶은 삶의 이야기를 지닌 사람들과 살을 맞대고 살고 있으니 말이다. 외로움이라는 느낌은 어느 연령대에서나 경험한다.

그런데 늙으면 더 외로울 거로 생각하는 사람들이 많다. 천만의 말씀이다. 때로는 노인들이 외로움을 더 잘 삭이며 극복한다.

생각해 보면 이유는 간단하다. 손을 마주 잡고 눈을 맞추고 대화를 나누기 때문이다. 행복한 노인의 삶은 아날로그다.

몇 달 전 삼십 대 후반의 주부가 모친에 대해서 의논을 하러 찾아왔다. 미국에 온 지 삼 년 된 친정엄마가 이상 행동이 보인다고 했다.

박 대통령의 탄핵 소식과 트럼프 대통령의 선거 소식이 맞물린 시점, 낮에 혼자 집을 지키던 엄마가 유튜브 영상을 통해 뉴스만 종일 본 결과인 듯했다.

어느 날부터 옷을 벗고 밖에서 뛰기도 하고, 베란다에다 음식을 내다 버리고, 밤새 쿵쾅거리며 집안을 돌아다녔다.

급기야 정신병원에 입원시킨 지 한 달, 의사는 퇴원하라고 하는데 집으로 가면 또다시 엄마 혼자 있게 될 것이니 걱정이 태산이라는 것이었다.

다행히 그 친정엄마는 입소한 지 한 주가 지나자 차도를 보이기 시작했다. 아침이면 숲속을 나는 새소리를 듣고, 옆 사람과 눈을 마주 보고 이야기를 나누고, 손녀에게 줄 목도리를 뜨개질한다.

한 걸음 한 걸음 발을 떼어놓으며 산책을 하는 아날로그적인 일상을 통해서 빠른 안정을 찾았다. 아무리 재물이 풍족하고 사회적 지위와 명예가 있더라도 손끝으로 전해지는 체온, 마음과 마음이 전해지는 정겨움, 함께 슬퍼하고 기뻐하는 공감이 없다면 무용지물이다.

약간 과장된 말이기는 해도 만약 내가 디지털을 떠나서 살게 된다면, 아마도 폭삭 늙어서 손가락 하나 움직일 수 없을 때가 아닐까 싶을 만큼 이제는 디지털을 떠난 일상을 생각할 수도 없다.

그러나 마음을 바꿨다. 전자책이 간편하고 저렴해서 한동안 이용했었지만, 활자로 인쇄된 책으로 다시 돌아섰다. 한 장씩 넘기다가 감명받은 구절 밑에 하이라이트 펜으로 줄을 긋는 것이야말로 독서의 백미가 아닌가.

산책하러 나가도 전화기를 들고 나가고, 운전 중이건 회의 중이건 몇 번씩 전화를 확인할 정도로 스마트폰에 물든 나였지만, 이제는 과감히 집에 두고 나간다.

나는 나의 삶이 내 심장이 아날로그와 통하기를 바란다. 결국, 어떻게 살아야 하는지, 어떤 삶이 중요한지를 결정하는 것은 디지털이나 스마트 폰이 아니라 우리의 마음이다. 생명을 유지하는 행위는 다 아날로그다.

한 잔의 차와 아침 사이

찻물 끓는 소리는 언제나 마음을 설레게 한다. 식구들이 모두 집을 빠져나간 아침, 다람쥐 쳇바퀴 돌리듯 분주했던 아침 일이 대충 끝나면 찻물을 올린다.

아침결에 홀로 마시는 차는 마음을 정화한다. 값비싼 다기 세트가 아니어도, 절도있게 다도의 예를 갖추지 않아도 누가 나를 탓하랴. 한 줌 찻잎을 넣은 다관에 끓은 물을 붓고 천천히 담황색으로 물든 찻물을 보고 있노라면 저절로 마음이 차분해진다.

가끔 집안 가득 내린 정적을 깨보려 장난스레 다관을 높이 들고 찻잔을 겨냥해 찻물을 따르며 혼자 웃기도 하지만, 따스한 찻잔에 입술을 포개고 천천히 한 모금씩 마시다 보면, '지금 내 생에 무엇을 더 바라겠는가.'라는 만족감에 젖는다.

어릴 적 중년의 나를 상상하였을 때, 이때 즈음의 인생에는 무엇인가 이룬 많은 것들로 빼곡하게 채워져 있을 거라 믿었다. 그러나 지금의 내 삶은 지극히 평범하고 단순해서 내세울 만한 것이 없다.

긴장과 도전, 이익과 손해, 오해와 미움 이런 것 따위에 미혹되지 않고 살려 했던 희망 때문에 단순했던 삶이었지만, 나는 작은 이익에 집착하지 않으려 노력했던 내 삶에 만족한다.

딱히 내세울 만큼 해놓은 일이 없는 내 인생 노트에는 아직도 여백투성이이다.

끊임없이 당겨대는 자석처럼 미래만 생각했던 나의 이십 대는 아주 오래전에 이미 기억의 저편으로 의미조차 남기지 않은 채 사라졌고, 푸른 하늘을 우러르며 인생을 창조해 보겠노라는 야무진 꿈으로 가슴을 설레던 나의 삼십 대는 가정과 모성애로 묶인 울타리 안에서 바깥쪽만 바라보다 떠나가 버렸다.

긴 병치레로 인생의 한 부분을 잃어버린 것에 보상이라도 받으려는 듯 행복해야 한다는 강박 때문에 불혹의 삶은 조급했을 수도 있었고, 누가 알까 봐 감춰둔 애환은 내가 감당할 수 없는 무게로 가슴을 누르기도 했겠지만, 지나간 일들이 관조하는 것 외에 지금 내게 무슨 큰 의미가 있을까.

어느새 찻잔이 식었다. 차 한 잔 더 마시고 싶은 생각에 찻물을 끓이려 부엌으로 가다가 내다본 창밖 파란 하늘에는 바람이 스쳐 간 길목으로 구름이 따라나선다.

배롱나무 가지 끝에선 꽃이 한창이다. 만발한 꽃이 보이는 창가에서 한 잔의 차를 마시며 얻는 아침의 평화와 현재의 내가 느끼는 작은 행복이 소중해서 이 세상 어느 것과도 바꿀 수 없다는 생각을 한다.

흐드러지게 핀 꽃잎도 때가 되면 떨어지듯이 사람이 죽고 사는 일 또한 마찬가지다. 늘 곁에 있을 줄 알았던 사람들이 하나둘 떠나고, 그토록 아끼던 젊음도 건강도 세월 앞에서는 스러질 수밖에 없으니 바람에 실려 가는 구름과 꽃잎과 한낱 인생이 다른 것이 무엇일까.

바쁘게 돌아가는 세상에서 누구의 방해도 받지 않고 혼자만의 시간을 멍하니 보내면서 느끼는 소소한 행복, 그 즐거움, 그래서 한 잔의 차와 마주하는 이 시간은 내게 각별하다.

행복이란 현재를 즐기는 것이라 한다. 하나의 순간이 아니라 경험의 총계라고 한다. 때때로 감정적 고통을 겪어도 전반적으로는 행복할 수 있다는 뜻이다. 행복한 삶을 살아가려면 가끔은 의미 있는 미래의 목표를 위해 현재의 즐거움을 포기할 필요가 있다.

하지만 미래만을 위해 너무 많은 시간을 투자하면 결국 불행을 느끼게 된다. 이제부터라도, 천천히 물들이는 찻잎처럼 내 삶을 나만의 빛깔로 물들이며 살고 싶다.

> 나는 진정 내 속에서 저절로 우러나오는 것, 그것을 살아보려고 했다.
>
> 왜 그것이 그토록 어려웠을까?

헤르만 헷세의 『데미안』에 나오는 구절이다. 후회 없는 삶을 희망하며 차 한 잔으로 소소한 행복을 즐기는 아침이다.

단 한 번 만나는 인연

일기일회一期一會라는 말이 있다. 일기一期는 한 사람의 일생을 뜻하고, 일회一會는 한 번뿐인 기회를 뜻한다.

수년 전 법정 스님이 법문집 제목으로 쓴 후에 세간에 더 알려진 '일기일회'란 사자성어는 모든 순간은 생애 단 한 번의 기회이며, 모든 만남도 생애 단 한 번의 인연이라는 뜻이다.

나는 '인연'이라는 말을 자주 쓴다. 불교적인 의미로 '인연'을 깊이 깨달았다 거나, 사전적인 정확한 뜻을 알아 서도 아니다. 사는 동안 내가 많은 사람을 만났을 때 그러하였듯이, 사람과 사람 사이에는 그 인연을 이어주는 마음 또는 정신이 존재한다고 믿기 때문이다.

내가 삼십 대였을 때 알았던 목사님이 있다. 당시 내가 다니던 교회에 분란이 생겨 그 문제 해결을 위해 미국 노회에서 파견 나온 분이었다. 감명을 주는 설교뿐만 아니라 언행일치의 인격을 갖추신 분이어서 온 교인의 존경심이 절로 우러나왔다.

이십 년 후 어느 날, 팔십육 세인 치매 할아버지 가족이 양로원 입소 상담 전화를 했다. 몇 분이 흐르기도 전에 내가 물었다.

"혹시 그 할아버지가 목사님이셨습니까?"

"맞습니다."

그렇게 다시 만난 목사님이 임종하실 때까지 삶의 끝자락 삼 년을 함께 보냈다. 인연이라고 생각했다.

노인 아파트에 사시던 할머니가 양로원으로 옮겨 오셨다. 스토브 위에서 음식을 두 번 태우고 나서야 치매가 시작된 것을 인지한 아파트 측에서 강제 퇴거를 요구해서 입소한 케이스였다.

졸지에 낯선 곳으로 옮겨온 할머니는 아파트로 가야 한다면서 저녁만 되면 밖으로 나가셨다. 말리기라도 하면 발차기로 가차 없이 공격하셨다.

그렇게 수많은 이야기를 만들며 사 년을 함께 생활했다. 건강이 많이 나빠진 후 어느 날, 문병 온 가족들 앞에서 고맙다며 내 목을 꼭 껴안고 뽀뽀까지 해 주셨다. 그동안 힘들었던 기억이 한 순간에 지워졌다.

사흘 후 소천하셨다. 이것도 인연이겠다.

스무 살 즈음이었을까. 좋은 사람을 소개해 준다고 선배가 나를 불렀다. 명동 어느 식당인가로 들어가는 데 창문에 "산낙지"라고 쓰여 있었다. '산에서도 낙지가 나오는가?'라고 생각했던 내게 잠시 후 접시 위에서 꿈틀거리며 나타난 토막 낙지는 내 눈알이 밖으로 튀어나올 만큼 놀랄 일이었다.

맛있게 먹는 남자의 입꼬리에 착 들러붙어 꿈틀대는 낙지발을 보는 순간, 화장실에 간다며 가방을 움켜쥐고 나와서는 집으로 줄행랑을 쳤었다.

그 낙지 덕분에 겨우 삼십 분 정도 마주했던 그 남자가 다니던 학교와 이름과 얼굴이 지금까지도 선명하게 기억 속에 남아있으니, 꿈틀거리던 낙지가 인연이었을까, 그 남자였을까.

일기일회一期一會는 차茶의 세계에서도 쓰인다. 누군가와 차 한 잔을 같이 마실 기회는 일생에 딱 한 번뿐이라는 뜻이다. 두 번 세 번 만나 함께 마셔도 시간이 다르고 찻물의 맛과 향기가 다를 테니 그 '한 번'에 정성을 다하라는 가르침이다.

얼마 전에 다기를 바꿨다. 도토리 뚜껑을 뒤집은 것처럼 작은 잔으로 차를 마실 때면 가끔 법정 스님이 쓰신 『단 한 번 만나는 인연』의 구절을 생각해 본다.

개인의 생애로 볼 때도 이 사람과 이 한때를 갖는 이것이 생애에서 단 한 번의 기회라고 여긴다면 순간순간을 뜻깊게 보내지 않을 수 없다.

앞으로 몇 번이고 만날 수 있다면 범속해지기 쉽지만, 이것이 처음이면서 마지막이라고 생각할 때 아무렇게나 스치고 지날 수 없다. 기회란 늘 있는 것이 아니다. 한 번 놓치면 다시 돌이키기가 어렵다.

살다 보면 수많은 사람을 만나고 또 헤어진다. 그 만남에는 좋은 인연도 있고 생각하고 싶지 않은 악연도 있다.

그러나 일기일회一期一會의 의미를 잘 새겨보면, 악연으로 얽힌 사람도 용서할 수 있을 것 같다. 평생 단 한 번의 만남이라고 생각한다면, 세상에 귀하지 않은 게 무에 있으랴.

제2의 인생

언제쯤 자신을 돌아보는 것이 좋을까. 살아온 날보다 살아갈 날이 적은 시점에 이르면 자신의 지난날들을 돌아볼 수 있어야 한다고 생각한다.

요즈음 들어 옛 생각을 하면서 혼자 웃는 일이 많다. 나이가 들었다는 징조다. 그래도 용수철처럼 튀어나온 기억들이 대부분 좋은 추억들이어서 참 다행이다.

지난날 매 순간마다 열심히 살아왔다고 할 수는 없지만, 내가 떠올리는 기억들이 모두 웃음 짓게 하는 기억이라는 것만으로도 지금 내 삶이 행복하게 느껴진다.

노인들과 생활하다 보면 여러 모습의 삶을 접하게 된다. 언젠가 평생을 독신으로 산 할아버지에게 일생에서 가장 후회스러운 일이 무엇이냐고 물었더니, 결혼하지 않은 것이라고 했다.

할머니들 경우는 조금 다르다. 대부분 할머니는 자기 마음대로 살지 못한 거라고 대답을 한다. 추측건대, 나이 들어 지난날 내 마음대로 살지 못했다고 생각하는 것은 과거에 대한 후회보다는 아쉬움일 것이다.

신념이나 가족을 위해서만 사는 것이 삶 전부라고 생각했던 지난날, 좀 더 자신을 위한 선택을 했더라면 지금의 내가 달라져 있지 않을까, 하는 생각일 수도 있겠다.

나는 무엇을 후회하게 될까. 내 삶은 성공적이었다고 말할 수 있을까. 사실, 성공 가도만 달리는 삶은 세상 어디에도 없다.

실수도 하고 실패도 하며 살다 보니 어느 날 성공의 위치에 도달해 있더라, 하는 편이 맞는 것 같다. 겉모습은 어른이었지만 그 속은 솜털 햇병아리 같았던 젊은 날을 되돌아볼 때, 그때의 실수나 실패가 아름답게 보이고 후회 없는 애틋한 그리움이 마음속으로 밀려온다고 해서, 지금 삶이 성공한 것일까.

우리는 곧잘 과거 속에 빠진다. 지나간 일이라는 것을 알면서도 과거를 떠올리며 힘든 현실을 위로받기도 한다. 생각해 보면, 과거를 그리워한다는 것은 그 시절이 그리운 것이 아니라 그 시간 속에 존재했던 내가 그리운 것이다.

지금 이 순간, 행복할 수 있기 위해서 무리하거나 억지를 부리지 않고 세월의 결을 따라 살 수 있다면 얼마나 넉넉한 인생일까.

어두운 하늘을 보며 방향을 잡을 때 우리는 북극성을 찾는다. 그 많고 많은 별 중에 하필이면 왜 북극성일까. 나는 그 별이 크고 밝아서라고 생각했었다. 아니었다. 북극성의 위치 때문이라고 한다.

북극성은 지축의 바로 위에 있어서 아무리 계절이 바뀌어도 별자리가 바뀌지 않고 항상 북쪽에 떠 있다고 한다.

나이 육십의 시작에서 이제야 북극성의 위치를 알고서 내 삶의 축은 어디에 있는가 생각해 보는 것이 조금은 부끄럽다.

그러나 아직은 삶의 길이 남아 있으니 지금까지 이정표만 따라가며 방향을 찾아가던 내 삶에 과감히 삶의 축을 다시 찾고 여정을 밟아 가야겠다는 결심도 새로이 해 본다.

아름답게 늙고 싶다. 젊은 시절 울창했던 사랑 같은 건 다시 올 수 없다 해도 느슨해진 삶의 자리를 존경과 배려로 채울 수 있다면 좋겠다.

나이가 든다는 것을 신체적인 건강이 쇠약해지는 것으로만 받아들이는 것이 아니라 세상을 보는 지혜와 삶의 본질을 알아 가는 것이라는 걸 깨달으며 살 수 있으면 좋겠다.

삶이란 언제나 현재 진행형이므로 매 순간이 인생의 황금기이어야겠지만, 어쩌면 육십 대를 시작하는 시점이야말로 일생 중에서 삶의 본질에 가장 가까워지는 때가 아닌가 싶다.

꿈으로 간직했던 이상과 노년을 향해가는 현실이 서로 엇갈리는 나이. 때로는 예전과 다른 체력에 실망하면서 욕망과 야망을 스스로 놓아버릴 수 있는 나이.

이 나이에 지나온 삶의 무게를 솔직하게 드러낼 수 있다면, 다가오는 노년의 삶 또한 멋지게 갈무리할 수 있지 않겠는가.

시간이 해결해 주는 것

삶의 귀중함을 뼈저리게 느끼던 때가 있었다. 십칠 년 전, 내가 암 환자였을 때다.

암 진단을 받던 날 텅 빈 내 머릿속을 떠다니던 죽음의 두려움. 수술을 마치고 눈을 뜬 회복실에서 뿌옇게 보이던 불빛만큼 불투명했던 막막한 미래.

내 육체와 정신을 너덜거리는 넝마처럼 만들어 버렸던 키모테라피의 부작용. 만약에 신이 인간에게 내린 '망각'이라는 최상의 선물이 없었더라면, 나는 평생 그 고통의 기억 속에서 허우적거리다가 신경쇠약에 걸렸거나 마음에 병이 생겨 땅굴을 파고 숨었을지도 모르겠다.

죽음에 직면했던 사람에게는 건강하다는 것 자체가 선물이다. 투병하는 동안 사랑하는 사람들을 보고 만지며 살 수 있는 것이 얼마나 큰 행복인지를 잊지 말자고 다짐했고, 내게 남은 시간을 절대로 허투루 쓰지 않겠다고 수없이 다짐했다.

그 모든 고통을 당해보지 않았더라면 아마도 나는 지금처럼 숨을 쉬고, 마음이 평화롭다는 것만으로는 행복을 느끼며 살지 못했을 거다.

팬 아시안 센터에서 주관하는 '여성 암 환자 모임'이 있다. 암 투병의 고통에서 조금씩 빠져나오면서 지금까지 거의 십 년 동안 참석해 온 모임이다. 이 모임은 내가 참석해 본 다른 모임과는 분위기부터 다르다.

같은 고통을 경험했다는 특수성 때문인지, 처음 보는 사이에도 서로에게 보내는 지지와 공감이 절대적이다.

모임의 참석자들은 나처럼 암 투병한 경력을 가지고 있든지. 현재 투병 중이든지 아니면 환자를 간호했던 가족들이다. 모두 한 번쯤은 공황 상태를 겪어본 사람들이다.

얼마 전 그 모임에서 키모테라피를 받는 사십 대 초반의 환우를 만났다.

그의 창백한 낯빛과 기력 없는 음성에서 현재 진행형인 암 투병의 고통이 얼마나 큰지 알 수 있었다. 얼마나 힘이 들까. 내 머릿속에서 옛 기억이 슬며시 고개를 들었다.

그러나 같은 종류의 고통을 겪어본 사람들이라선지 형식적인 위로가 필요 없었다. 그냥 마음이 통했다. 한마디 말에도 서로 공감하고 소리 없는 눈 맞춤만으로도 감정이 전달되었다. 고통에는 그 상응하는 열매가 있는 법이다.

그래, 십칠 년 전 내가 경험했던 일들은 지금도 생각할 때마다 숨이 턱 막힐 정도로 힘들었던 기억이다.

그러나 병마는 나의 영혼을 강하게 만들었고, 삶 속에 놓인 여유를 찾게 하였고, 남의 아픔을 볼 수 있는 눈을 열어주었고, 내 삶을 평안 속으로 인도했다.

지금 고통 속에서 힘들어하는 그도 시간이 흐르면 그 고통을 통해서 얻은 많은 열매를 거두며 살게 되겠지.

지난달, 암 환자를 위한 걷기대회에 참가했었다. 매년 참가하는 그 걷기대회에서 나는 '암 생존자(Cancer Survivor)'로 구분된다. 재앙에서 살아남았다는 뜻이다. 참 신기하다.

아픈 기억이 서려 있는 장소에 가거나 특별한 기억이 있는 날이 되면 나도 모르게 몸에 반응이 일어난다.

해마다 대회에 참가한 많은 사람과 함께 5킬로미터의 구간을 따라 걷기 시작하면, 내가 '암'이라는 재앙을 겪던 시절의 기억들이 어김없이 찾아온다.

이제는 옅어져 버린 기억인데도 키모테라피의 고통은 너무나도 선명하게 남아있다. 때론 그때 두렵고 외로웠던 감정을 제어하지 못해서 울컥 서러움이 눈물샘을 자극하기도 한다.

사람 참 미련스럽다. 그 고통을 통해서 얼마나 귀한 것을 얻었는가를 그사이 또 잊어버렸다.

어느 질병이든지 삶의 전환점이 될 수 있다. 때로는 삶의 궤도를 바꾸는 좋은 기회가 되기도 한다.

투병의 고통을 통해 깨달은 것을 잘 지키고 건강을 챙기며 산다면 불행해질 이유가 더는 없다. 그 외의 인생사 대부분은 시간이 해결해 주지 않을까?

그들이 남긴 자리

살다 보면 떠밀리듯 마주 서야 하는 순간들이 있다. 변명의 기회나 용서의 순간이 용납되지 않는 일방적인 통보, 버릴 수도 잡을 수도 없는 막막함, 어쩔 수 없이 받아들여야 하는 죽음으로 맞게 되는 이별이다.

이제 나는 젊은이가 아니라는 것을 알고 있다. 생각하지 못했던 일을 당하면 마음이 서글픈 것이 그 증거다. 갑자기 지인의 상을 당하면 더욱 그렇다. 세상에서 뚝 떨어져 혼자가 되는 것 같은 외로움. 그 칼날에 가슴이 베인다. 이제는 내가 그들에게 해 줄 수 있는 것은 아무것도 없다는 생각을 하면 금세 온몸의 힘이 쑥 빠진다.

일을 마치고 차에 시동을 걸다가 이대로 집으로 들어가면 폭삭 주저앉을 것 같다는 생각이 들었다. 90도가 넘는 한여름 복더

위에서도 마음은 시베리아다.

"우리 조금 걸을래?"

내 마음에 온기가 필요할 때 불러낼 수 있는 친구가 있는 것은 큰 복이다. 전화를 받고 달려 나온 친구는 들고 온 커피 한 잔 마실 틈도 없이 앞서 걷기 시작했다. 낯선 세상에 황망하게 던져진 듯한 내 마음을 아는지 친구도 단번에 앞장을 섰다.

산책로 사이로 녹음이 차오르는 숲, 빽빽한 나뭇잎 그물을 빠져나온 오후 햇살 그림자가 산책로에 누워 있다.

먼저 떠난 사람들이 남기는 것은 언제나 빈자리. 그들이 주고 간 선물이다. 때때로 다른 빛깔과 느낌으로 채워야 하는 공백, 그러나 시간이 흐르면 그 빈자리도 내 삶을 아름답게 만드는 모티브가 되겠지.

그려져 있지 않아도 존재하는 카니자의 삼각형처럼 내 자의식에 자리한 기억은 비 오는 날은 빗소리로, 눈 내리는 날은 순백의 침묵으로, 세상 어딘가 함께 했던 곳을 스칠 때 언뜻언뜻 옛 모습으로 떠오르리라.

산책로를 벗어나 오솔길로 접어드니 적적하던 마음은 어느새 사라지고 없다. 바쁜 일상을 급작스레 매어 두고 나온 친구의 전화가 쉴 새 없이 울렸다. 전화 받는 친구의 모습을 카메라에 담고는 나도 숲을 배경으로 포즈를 취해본다.

맞다. 살아있는 사람에게는 즐길 수 있는 시간이 있고, 함께할 벗이 있고, 무엇인가 내가 열중할 수 있는 많은 것이 존재하는데 세상의 무엇이 나를 슬프게 하랴.

두 주 전 갑작스러운 부음을 받았다. 고인은 생전에 편한 모습으로 마주 앉아 얘기를 나누고, 숲길을 함께 산책하며 격의 없이 세상사를 나누었던 지인이다.

자주 만나지 않으면 심심해서 못 견딜 때도 있었지만, 요즘 사는 일이 너무 바빠 잊은 듯 소식이 없었다. 이 얼마나 슬픈 일인가. 그 생애의 마지막을 위해 내가 할 수 있던 일은 화환을 준비하는 것, 그리고 다시 한번 피할 수 없는 이별의 의미를 생각해 봤을 뿐이다.

나는 앞으로 얼마나 살고 세상을 떠날까. 나와 내 벗들의 장례식에 누가 먼저 참석하게 될지 모르지만, 그들과 나의 장례식을 상상해 본다. 그들이 남긴 자리를 나는 무엇으로 채워야 할까. 삶이란 결국 하나의 인생 이야기가 아니던가.

내 삶 속의 만남과 관계를, 내가 사랑했던 사람들과 함께했던 이야기를 그리고 그들이 남긴 자리를 소중하게 간직하는 것이야말로 내 삶에서 가장 귀한 것이 아닐는지.

3부

처음부터 그러하였듯이

- 버팀목
- 평범한 삶이 주는 선물
- 고독을 즐기는 이유
- 머리보다는 가슴으로
- 낯선 어둠 속에서
- 사는 동안 줄 수 있는 것
- 여름과 이별하기
- 내 나이 육십하고 하나일 때
- 추락이 날 주저앉게 하기 전에
- 삶이 저물 무렵
- 내 마음의 문턱
- 나는 어떤 친구일까
- 생각의 고리
- 처음부터 그러하였듯이
- 길 위에 떨어진 단풍잎 한 장처럼

버팀목

여우비 스치고 지나간 오후, 뒤뜰에 나가 숲을 바라본다. 구름 한 점 없는 파란 하늘과 잔디 위로 내리는 투명한 햇살에 마음마저 싱그러워진다.

온통 초록빛인 숲속 나무들 사이에 주홍빛 능소화가 피어있다. 소나무에 넝쿨을 감고 오른 능소화는 꽃 빛깔이 어찌나 뚜렷한지 멀리서 보면 마치 소나무에 꽃이 핀 것처럼 보인다.

처음 이사 왔던 해 겨울, 뒷마당을 살펴보다가 숲속으로 가는 길 입구에 넝쿨에 친친 감긴 소나무 한그루를 보았다. 배배 꼬인 넝쿨의 말라빠진 모양새도 볼품이 없었지만, 그보다는 둥치부터 시작해서 줄기 끝까지 넝쿨에 죄인 듯한 소나무 모습이 보기 안쓰러웠다.

날씨가 풀리면 넝쿨 밑동을 쳐서 없애야지 하는 생각을 했던 것을 잊었다가 이듬해 한여름이 되어 꽃이 핀 것을 보고서야 그것이 능소화라는 것을 알았다.

능소화는 색소폰의 벨처럼 생긴 큰 꽃송이와 주홍빛 꽃 빛깔이 하도 강렬해서 한번 보고 나면 잊히지 않는 꽃이다. 하늘을 능히 이길 만큼 아름다운 꽃이라 해서 이름 붙여진 능소화지만, 아무리 아름답다 해도 버팀목이 없이는 저 혼자서 설 수 없는 넝쿨 식물이다.

전설에 의하면 땅을 기어가던 능소화는 하늘을 향해 높이 자라는 소나무가 부러워서 자기도 먼 곳을 볼 수 있게 도와달라고 부탁했다고 한다. 능소화의 아름다움에 반한 소나무가 쾌히 승낙하여 능소화가 높은 곳까지 오를 수 있도록 버팀목이 되었다는 이야기다.

버팀목이 된 소나무를 바라보다가 내 인생의 버팀목은 누구일까, 하는 생각을 해 본다. 사는 동안 우리는 많은 사람과 만나고 헤어진다. 그 사람 중에는 그 존재만으로도 내 삶을 든든하고 마음이 따뜻해지는 사람이 있다.

문득, 지인 한 분이 떠오른다. 서로 띠동갑의 나이 차가 있으니 친구라기보다는 내 삶의 지표로 삼은 인생 선배다. 세상의 어떤 소용돌이 속에서도 묵묵히 제 일을 해내고 남에게 봉사하며 사는 일이 어떤 것인가를 몸소 보여주는 분이다.

가끔 사는 게 퍽퍽해서 목이 멜 때 내 삶의 진로를 바로 잡을 수 있게 해주는 분이니 내게는 버팀목이 되는 분이다.

성공한 삶을 이루려면 반드시 중요한 세 사람이 있어야 한다고 한다. 첫째는 형제자매처럼 가까운 친구고, 두 번째는 인생의 방향을 이끌어 줄 수 있는 선배, 그리고 셋째는 팥으로 메주를 쑨다고 해도 무조건 믿고 따라오는 후배라고 한다.

내게도 그런 사람들이 있다. 내 목소리나 얼굴빛만으로도 내 마음을 알아맞히는 동기간 같은 친구가 있고, 소리 없이 뒤에서 나를 지지해주는 버팀목 선배도 있다. 그뿐인가. 내 말이라면 무조건 믿고 따라오는 후배도 있으니 내 인생은 성공한 것이라 할 수 있겠다.

숲속에 핀 능소화의 고운 빛깔을 바라보다가 그만 생각이 곁길로 빠졌다. 오늘 저녁에는 한동안 찾아뵙지 못한 선배에게 안부 전화를 넣어야겠다. 내일 점심때에는 먹고사는 일에 바쁘다는 핑계로 만나기를 미루었던 친구를 불러 시원한 냉면이라도 같이 먹어야겠다.

인생을 살아가는데 버팀목 같은 사람이 곁에 있다는 것이 얼마나 큰 행운인가. 생각해 볼수록 고마운 일이다. 세상의 어떤 이들은 참으로 늘 한결같다.

무엇인가를 얻겠다는 의도 없이 그저 능소화의 버팀목이 되어준 소나무처럼 내게 버팀목이 되어준 사람들.

나 역시도 누군가에게 그런 존재가 되어야 할 터이다.

평범한 삶이 주는 선물

며칠 전 한국에 사는 문우로부터 이민 생활의 경험을 써 보내달라는 메일을 받았다. 십 년 전 즈음에도 비슷한 부탁을 받은 적이 있었다. 이번에도 이민 생활의 고달픔을 써달라는 부탁이었던지라 완곡하게 거절했다.

우선은 나의 둔한 필력을 거절의 이유로 내세웠지만, 사실은 지금껏 살아온 내 인생이 너무나 밋밋해서 이민자 삶의 역경이나 시련을 기대하는 사람들에게 읽을 만한 내용을 쓸 수 있는 자신이 없기 때문이었다.

하지만 아무리 특징 없는 인생살이였다 해도 생판 처음으로 남의 나라에 와서 뿌리를 내리면서 어찌 시련이 없었겠는가.

내 나름대로는 얘깃거리가 있긴 하다. 짧은 영어 실력 때문에 불이익을 당한 적도 있었고, 남을 쉽게 믿어버린 순진함 덕분에 배반의 쓴맛을 보기도 했었고, 건강 때문에 모든 것을 포기해야 했던 시절도 있었으니 뜬눈으로 보낸 밤이 한두 번뿐이라고 말할 수는 없겠다.

한국에다 거절의 이메일을 보내 놓고는 잠시 지난 일을 돌아보았다. 문득, 생각나는 일이 한 가지 있었다.

미국에 온 지 칠 년쯤 되었을 때 일이었다. 어느 날 아침에 TV를 보다가 갑자기 감정이 복받쳐 울음을 터뜨렸던 적이 있었다.

방송의 내용은 강간 살해범으로 십육 년 동안 갇혔다가 DNA 검사 결과 덕분에 무죄가 입증되어 기적처럼 출소한 한 남자의 인생 이야기였다.

방송의 초점은 열여섯 살이었던 그가 서른 살이 넘어서 풀려난 후, 세월의 격차를 극복하며 낯선 세상에 새롭게 적응해 가는 모습에 맞춰 있었다.

운전을 배우는 일. 혼자 장을 보러 가는 일. 직장을 구해서 돈을 벌어 쓰는 일. 소원해진 가족과의 관계를 회복하는 일. 친구를 사귀는 일. 다른 이들에게는 너무나 평범한 일이 그에게는 모두 역경이었고 시련이었다.

그 방송을 보았을 때 나는 왜 목메어 울었던 걸까. 아마도 새로운 삶을 시작하는 한 남자의 힘든 모습에 미국 생활에 지친 내 모습이 오버랩 되었기 때문이었으리라. 앞만 보고 달리느라 미처 살피지 못했던 내 삶의 단면이 그의 모습을 통해 내게 다가왔기 때문이었으리라.

내가 겪는 시련이나 고통은 오직 나 자신의 문제라고 마음속 깊이 꾹꾹 눌러두었던 슬픔, 두려움, 자기연민이 한순간에 바늘에 찔린 풍선처럼 터져버린 것이었으리라.

살다 보면 낙타가 바늘을 통과하는 것 같은 역경을 만나는 경우도 있다. 그러나 시간이 흐르고 나면, 힘들었던 일도 나만의 추억으로 기억 속에 아름답게 자리매김한다. 다행한 일이다.

사실, 항상 행복하다면 오히려 불행하지 않을까. 일 년 내내 햇볕이 내리쬐고 구름 한 점 없는 하늘만 계속되는 곳에서 사는 것과 같을 테니 말이다.

천둥 번개가 몰고 온 빗줄기에 온몸이 젖기도 하고, 정전이 모든 빛을 앗아간 엘리베이터에서 잠시라도 갇혀본 사람이 밝은 햇살과 푸른 하늘의 귀중함을 더 깨닫는 것처럼 행복은 부와 명예, 성공을 통해서 다가오기도 하지만 시련과 역경을 통해서 더욱 가치가 높아지는 것 같다.

그래서일까. 사람들은 절망과 두려움, 실패를 이겨낸 상처로 얽힌 삶을 더 가치 있는 인생으로 여긴다. 나 역시 드라마틱하게 성공한 삶만이 다른 이들에게 감명을 줄 것으로 믿었었다.

그러나 이제 내 일상의 시계는 하루 단위로 돌아가는 노인들의 일상에 맞춰 태엽을 푼다. 나의 아침은 지평선 위로 떠오르는 태양을 바라보는 일로 시작되고, 해쪼이를 하며 낮 시간을 보내기도 한다.

지금 내 삶은 너무 평범해서 여전히 내 과거의 삶처럼 한 편의 글로 쓰일 수는 없겠지만, 아침마다 일어나 마주하는 거울 속에 비친 지금 내 모습을 보며 기쁨을 느낀다. 행복한 인생이다.

고독을 즐기는 이유

"우리 엄만 혼자서도 너무 재미있게 놀아요, 그러니까 친구가 없는 거 아니에요?."

온종일 집안에서 혼자 시간을 보내면서도 심심해하지 않는 나를 보고 딸애가 했던 말이다.

아니다. 혼자 시간 보내는 것에 익숙할 뿐이지 친구가 없는 것은 아니다. 사는 동안 내 주위에는 언제나 친구들이 있었고 지금도 마찬가지다.

다행하게도 나와 친구들은 성향이 비슷해서 꼭 만나야 할 때와 일을 제외하고는 문자나 이메일을 통해서 소식을 주고받으며 지내는 것을 당연하게 여긴다.

어찌 되었든 혼자 있을 때 마음이 편안하다. 우선은 외부의 자극에서 벗어날 수 있고 내가 생각하는 것들에 대해서 나 자신의 솔직한 마음을 읽어내기도 쉽다.

주변이 소란스러우면 내적인 동기를 찾아내는 일이 불가능하다. 정신적으로 힘들고 무기력할 때뿐만 아니라 단순히 육체적인 휴식이 필요할 때에도 시끌벅적한 환경은 전혀 도움이 되지 않는다.

몇 달 전 누군가를 도우려던 일이 다른 누군가에게 손해를 끼치는 결과를 낳았다. 물질적인 큰 피해보다는 기대치에 못 이른 결과에 감정이 상한 다른 누군가는 나와의 관계를 이미 정리한 듯했다.

또한, 얼마 전에 있었던 일이다. 갑작스레 내가 보고 싶다는 지인의 전화에 벌에 쏘인 듯 뛰어갔었다. 그러나 그가 내미는 천여불이 넘는 물건을 사줄 여력이 내겐 없었다.

'관태기'라는 말이 있다. 관계를 맺는 것에 회의적인 상태를 뜻하는 신조어다. 인간관계에 회의를 느끼는 지금의 나를 표현하기에 가장 적절한 단어가 아닌가 싶다. 누구든지 피차간에 사고의 차이점을 발견하게 되면 관계가 소원해지는 것은 당연한 일이다.

공통분모나 동질성의 합일점이 없이 평행선을 달리는 관계가 무의미하게 느껴지거나 서로에게 스트레스가 된다면 오히려 관계를 정리하는 편이 정신적으로 더 나을지도 모른다. 그러나 관계 정리의 사유가 자신의 물질적 이익만을 위해서라면 참 서글픈 일이다.

재물을 저울 삼아 맺는 관계. 담소와 쾌락의 모습으로 포장된 타락의 관계. 친절과 배려의 가면으로 자신의 이익만을 챙기는 관계를 거부하고 싶다. 나는 어떤 관계를 맺고 살아왔을까. 관계 속에서 내가 바라는 것은 무엇이었을까.

나의 가면과 이기심과 진심을 스스로 알고 있는 걸까. 두렵다. 그러나 내가 선택한 고독을 통해서 깨달음을 얻고 나면 마치 숨어있던 나의 잠재성을 찾은 기쁨을 얻을 수 있다는 걸 안다. 그것이 바로 내가 가끔 세상과 단절하듯 혼자만의 시간을 즐기는 까닭이기도 하다.

독일 철학자 쇼펜하우어는 고독과 친하고 고독을 사랑하게 되면 그야말로 노다지를 캔 것과 마찬가지라고 했다.

이 철학자의 말처럼 질풍노도 속에 홀로 선 듯한 고독함을 느낄 수 있다면, 고독이 내 마음의 둑을 넘어와 무뎌진 채로 곪아가는 내 무의식의 일부를 도려내고 잠든 영혼을 깨울 수 있다면, 고통을 받을지라도 고독을 통하여 나 자신을 승화시킬 수 있다면, 그런 노다지를 어찌 멀리하랴.

사람은 누구나 여러 가지 모습으로 살아간다. 관계의 풍요로움에 안주하기를 바라는 것도 내 모습이요, 내 인생의 뿌리가 흔들릴 정도로 고독을 느끼며 살기를 바라는 것도 역시 내 모습이다. 다만 필요한 것은 선택일 뿐이다.

거짓 포장된 친숙함과 편안함으로 프로그램된 인간관계 속에 안주할 것인가, 낯섦과 불편으로 다가오는 고독이라는 사유를 통해서 나의 고유성을 찾아가며 살 것인가. 생각해 볼 일이다.

머리보다는 가슴으로

단 한 곡의 노래 때문에 그 노래를 부른 가수나 뮤직 밴드의 마니아가 되는 경우가 있다. 오 년 전, 우연히 들었던 노래 한 곡을 찾느라 유튜브를 밤새 뒤진 적이 있었다.

찾고 보니 '머리와 가슴(The head and The heart)'이라는 미국 인디 밴드가 부른 노래 '강과 길들(Rivers and Roads)'이었다.

7080세대가 즐겼던 포크송을 부르는 신세대, 서정적인 노랫말에 어쿠스틱 기타 반주까지, 내 코드와 딱 맞아 떨어지는 곡을 듣는 것만으로도 가슴이 벅찼는데 거기에 팀 이름까지 멋지다니.

그 뮤직 밴드의 애틀랜타 공연이 시월에 있을 예정이란다. 티켓을 예매한다는 소식을 이메일로 받고는 오랜만에 그 노래를 다시 들어 보았다.

'머리와 가슴', 이 두 단어의 어울림이 참 좋다. '뇌와 심장'이라는 생물학적인 의미보다는 사람이 갖추어야 할 '인간미'라는 철학적인 의미로 다가온다.

누구에게든 먹고사는 일을 위해서는 머리를 쓰는 일이 우선이겠지만, 그래도 삶을 지탱해주는 힘의 원천은 단연코 가슴에 있지 않을까 싶다.

사람과 사람이 만나서 서로에게 인간미를 느끼는 것. 매력에 끌려 사랑하는 사람을 만나는 것. 마음을 설레게 하는 것. 이런 일은 가슴만이 할 수 있는 거라고 믿는다.

인생을 돌아볼 기회는 왜 꼭 불운의 옷을 입고 나타날까. 재작년 여름, 손목뼈가 부서지는 사고를 당했었다. 조각난 뼈를 잇기 위해서 손목에 철심을 박아야 했다. 그 수술은 한 시간 반 정도 소요되는 일이라서 입원할 필요가 없다고 했었다.

그러나 수술 후 마취에서 깨어나지 못하는 불상사가 벌어졌다. 응급사태를 추스르는 동안, 잠시 멈춘 듯한 시간 속에서 나는 지난날을 되돌아볼 수 있었다.

사는 동안 내가 지키며 살아야 하는 것은 무엇인가. 버려야 했던 것은 무엇이었을까. 나름대로 의미 있는 일을 한다고 믿었고 나의 가치관도 지키고 살았다고 자부했었다.

그러나 내 머릿속에는 나만의 만족을 위한 이기심만 가득 차 있었을 뿐, 하루하루 몰아붙였던 삶에 밀려 내 가슴은 제 몫을 하지 못했었다는 생각이 들었다. 얄팍해진 머리에 이끌려 가슴은 겉치레에 빠져 살았는데도, 그 잘못을 깨닫지 못하고 있었다니.

"여보세요!"라고 누군가 나를 부른다고 느낄 때, 우리는 "나요?"라고 반문하며 가슴 위에 손을 얹는다. 나의 실체가 그곳에 존재한다고 믿는 무의식의 반사적인 동작이다.

그렇다. 머리보다는 가슴이 먼저다. 기쁨이나 순탄함보다 아픔과 좌절이 더 많은 세상을 살면서, 다른 이들과 따스함을 나누고 힘을 주는 것은 가슴에서 온다. 나도 그런 가슴을 갖고 싶다.

아직도 내 삶은 여전히 아침에 눈을 뜨면서부터 온종일 책임이라는 상자 속에서 밥벌이에 머리를 굴린다.

그러나 가끔 이런저런 이유로 '돈'이라는 유혹이 내 머릿속에서 널을 뛰면, '머리보다는 가슴으로'라는 말을 생각하며 마음을 담금질한다.

내가 만났던 두 번의 맛보기 죽음이 가져온 '행복'이라는 친구가 내 곁을 지켜주기 때문에 가능한 일이다. 그 덕분에 사는 일이 더욱 즐겁다.

세상에서 가장 아름답고 소중한 것은 보이거나 만져지지 않는다. 단지 가슴으로만 느낄 수 있다.

헬렌 켈러가 남긴 말이다. 사는 동안 찬찬히 되새겨볼 말이다.

낯선
어둠 속에서

살아생이별은 생초목에 불붙는다고 했다. 생이별의 심정이 얼마나 애달프면 살아 있는 초목에 불이 붙을 지경이라 했을까.

양로원에 처음 들어오는 날, '자식들과 헤어지는 노모의 처연한 모습을 보노라면 생이별이 따로 없구나.'라는 생각이 든다. 따지고 들면 생이별 한 번쯤 해보지 않고 사는 이민자가 어디 있으랴만, 노인들과 함께 생활하다 보면, 가끔 마음을 빼근하게 만드는 묘한 느낌을 받는다.

누군가의 도움 없이 일상을 해결할 수 없을 때, 자신의 거처를 떠나 '공동 주거 시설'이라는 낯선 곳으로 옮겨야 하는 경우가 생긴다. 이 절차는 노인 스스로 결정하기보다는 자녀들의 일방적인 결정에 따르는 경우가 대부분이다.

오늘 새로 들어온 박 할머니의 경우도 마찬가지였다. 건망증이 심해지는 노모를 위해서 자녀들이 내린 결정이었다. 아직은 혼자 힘으로 살 수 있다며 화를 내며 우기던 할머니도 어쩔 수 없다는 듯, 결국 어두운 얼굴빛으로 체념했다.

사람들은 늙으면 아이가 된다는 소리를 흔히 한다. 천만의 말씀이다. 아이를 데이케어에 처음 맡기던 날, 엄마를 따라가겠다며 발버둥 치며 울던 아이를 생각해 보자. 나이가 들었다고 해서 낯선 곳, 처음 본 사람들과 함께 사는 일이 두렵지 않을까?

노모가 자식의 결정에 따르는 이유는 단 한 가지 내 자식을 내가 힘들게 하면 안 되는 절대적 신앙 같은 공식 때문이다. 뼛속까지 스며든 모성을 누가 탓하랴.

여러 해 전 김 할머니를 처음 만났던 날이 떠오른다. 산간 지역에서 농사를 짓고 살았던 할머니였다. 멀리서 오느라 밤늦게야 도착했던 가족들은 할머니를 내려놓고는 곧바로 되돌아가야 했었다.

생이별을 슬퍼할 겨를도 없이 순식간에 혼자 된 할머니의 퀭한 눈을 보고는 차마 방에 혼자 둘 수가 없었다. 긴장과 혼동을 조금이나마 덜어주고 싶어서 얼굴을 마주하고 앉았다.

입소 절차를 밟으며 이미 아는 사항들이었지만, 이야기를 나누면서 경직된 마음이 풀리기를 바랐었다.

고된 농사일을 하면서도 아기자기하게 함께 살던 남편이 덜컥 세상을 떠난 지 삼 년이 지났다고 했다. 자식들한테 얹혀사는 것이 폐가 될까 싶어 살던 곳에서 혼자 살겠다고 고집을 부렸다.

어둠이 내리면 너무 무서워서 해가 지기 전에 이불을 머리까지 뒤집어쓰고는, 다음 날 아침 동이 틀 때까지 꼬박 앉은 채 지샜다고 했다. 지금까지 그렇게 지냈던 것을 따님에게 말했느냐고 묻자 고개를 좌우로 흔들었다.

너무 먹먹해져 내가 아무 말도 하지 못하고 있던 사이, 그 누구와도 공유하지 못했던 두려움이 모습을 드러낸 듯 할머니는 소리죽여 한참 동안 울었다.

밤 아홉시, 새로 오신 박 할머니 방 문틈에서 불빛이 보였다. 낮에 품었던 노여움 때문에 뒤척이나 싶어 가만히 문을 열어 보니, 낯선 방 어둠이 두려웠던 걸까, 머리맡 전등을 켜 놓은 채 편안하게 잠든 모습이었다.

세상의 어머니들처럼 과감하게 자신을 버릴 수 있는 존재가 또 있을까. 양보, 배려, 인내, 용서, 희생과 같은 아름다운 말은 자식을 위해서 살아온 어머니의 삶 속에서 알알이 맺은 열매가 아닐까 하는 생각이 들었다.

누구든 추억이 깃든 자기 집에서 정이 들고 익숙한 사람들과 함께 살다 세상 떠나기를 원한다. 그래서 거주시설에 정착해야 하는 노인들은 낯선 어둠 속에서 빛을 찾으려는 듯 서성이며 헤맨다. 시설에 머무는 삶일지라도 생의 마지막 과정을 좀 더 멋지게 보내며 살아갈 수는 없는 걸까? 내 노트 한 귀퉁이에는 이런 구절이 쓰여 있다.

촛불에게 중요한 것은 그것이 놓이는 장소가 아니라, 그 촛불이 마지막까지 발산하는 빛이다.

나 자신이 환한 빛을 발하는 노인이 된다면, 내 생의 마지막 장소는 그다지 중요하지 않을 것 같다.

사는 동안 줄 수 있는 것

오래전 '애틀랜타 데일리 저널'에서 리프 볼(Reef Ball)에 관한 기사를 읽은 적이 있다. 대서양 한가운데에 배를 띄워 놓고 리프 볼을 바다 속으로 내리는 장면을 찍은 사진이 함께 실렸던 기사였다.

내가 그 기사에 관심을 가졌던 이유는 리프 볼이 궁금해서라기보다는, 이 지역 유명 일간지에서 '정(Chong)'씨 성을 가진 한국인의 장례식을 기사화했다는 특이함 때문이었다.

화장(火葬)시킨 유골의 재를 바다에 뿌리는 것은 본 적이 있었지만, 콘크리트에 섞어서 모형을 만든 다음, 바다에 수장하는 장례 방법이 있는 것은 그 기사를 읽고서야 처음 알았다.

마흔 살의 나이에 암으로 세상을 떠난 고인은 생전에 바다 속 환경 보존에 앞장섰던 사람이었다. 생전에 바다에서 일하는 것을 좋아했고 스쿠버 다이빙을 즐겼던 사람이라 사후에도 바다 속에 머무는 것이 그의 바람일 거라고 믿은 그의 아내가 결정한 장례 절차였다.

내 상식 안에서 리프 볼이란, 바닷가에서 방파제 역할을 하거나 해산물을 양식할 때 바다 속에 떨어뜨리는 인공 암초라는 정도였다.

하지만 사진 속 리프 볼은 구멍이 숭숭 뚫린 이글루(Igloo) 같은 모형이었다. 해저에 한번 떨어지면 그 자리에 영원히 머물기 때문에 영생 바위(Eternal Reefs)라고도 부른다는 그 리프 볼은 바다 속에서 마치 자연석 같은 구실을 한다고 했다.

거친 표면은 해저 식물들이 뿌리를 내려 자생할 수 있는 터전이 되고, 구멍 뚫린 바위 속 공간은 작은 물고기들이 위험을 피해 숨는 피신처가 되었다.

생전에 바다 속의 자연환경을 보전하려 했던 고인의 마음을 기리는 그 아내의 마음을 충분히 이해할 수 있는 설명이었다.

운전면허증을 새로 발급받을 때 "자신의 장기 기증을 하겠습니까?"라는 질문을 받는다. 이 질문을 처음 받았을 때 나는 무척 당황했었다. 죽고 나면 흙이 되어버릴 육신에 무슨 미련을 두는 건가 하는 생각으로 한순간 마음이 흔들렸었지만, 죽은 후 내 몸이 이리저리 찢기는 것 같은 끔찍한 상상이 떠올라서 결국 "아니요."라고 대답했었다.

산 채로 제물로 바치라는 것도 아니었건만, 머리카락 하나조차 남에게 내어주지 못했던 어리석음의 극치였다.

죽음은 참 묘한 재주를 가지고 있다. 남의 일로 지나치든 자기 일로 다가오든, 죽음의 의미가 사람의 의식 속에 스며들면 기어코 지혜의 가르침을 남기고야 만다.

사람이 현재 속에서 삶의 의미를 찾아야 하는 이유를 깨닫게 해 준다. 몇 해 전 지인의 이십 대 아들이 자동차 사고로 갑자기 세상을 떠난 일이 있었다. 그 청년의 죽음은 여섯 사람의 생명을 구했다. 그가 생전에 자신의 신체를 기증해 놓은 덕분이다.

장기를 기증하는 일은 사람의 생명을 직접 구하는 일이기에 영생 바위가 주는 의미와 비교할 수는 없지만, 그들 모두 사는 동안 생명체의 귀중함을 알았고, 이타적인 마음을 몸소 실천하며 살았던 사람들이었음이 틀림없다.

한 인간의 가치를 결정하는 것은 그가 무엇을 받을 수 있느냐가 아니라 무엇을 줄 수 있느냐이다.

아인슈타인이 했던 말이다. 맞다. 사는 동안 다른 사람을 위해서 무엇인가를 전혀 줄 수 없는 때는 단 한 순간도 없다.

누군가의 이야기를 가만히 들어 주는 것. 눈이 마주치는 사람에게 환한 미소를 짓는 것. 밝은 음성으로 전화를 받는 것. 남을 위해 문고리를 잡아 주는 것. 끼어드는 차에게 차선을 양보하는 것. 이런 소소한 일들도 모두 사는 동안 내가 남을 위해서 할 수 있는 것들이 아닐는지.

사는 동안 내가 줄 수 있는 것들은 무엇일까. 이런 생각을 '지금' 할 수 있다는 것만으로도 왠지 어제보다 훨씬 더 행복한 오늘이다.

여름과 이별하기

큰 걸음으로 성큼 다가온 가을에 햇살의 열기가 주춤거린다. 어제는 건넛집 앞마당 나무의 우듬지를 연갈색으로 물들이더니 오늘은 우리 집 뒤 숲 나뭇가지들 사이로 가을빛이 찾아 들었다. 이제 덥다는 말은 옛이야기, 여름이 떠나고 있다.

계절의 빛깔에 따라 사람의 마음이 변하는 것은 사실인 것 같다. 썬룸에 앉아 모닝커피를 마시며 날마다 바라보았던 익숙한 풍경이었지만, 오늘 아침 숲의 빛깔은 느낌이 사뭇 다르다.

초가을 바람에 빛바랜 나뭇잎이 한 장, 두 장 떨어지는 모습을 보고 있자니, 절정을 내려놓고 떠나가는 여름의 서운함이 느껴지는 듯하다.

여름도 가을도 아닌 계절, 나는 일 년 중 이즈음이 가장 좋다.

더위에 지친 내 심신에 새 힘을 줄 것 같은 맑은 하늘과 지난여름 땀 냄새를 금방 사라지게 할 것 같은 투명한 바람, 이때쯤에는 언제나 여름을 돌아보게 된다.

뜨거운 햇볕을 핑계 삼아 그만두었던 운동, 절제하지 못했던 한여름 차가운 음식들, 더위에 녹아버린 게으름 때문에 놓쳤던 친구들과 만남. 마치 묵은 일기장을 읽다가 옛일을 아쉬워하듯 스스로 지키지 못했던 여름의 일들을 뉘우치는 시간이기도 하다.

찬바람이 옷깃 속으로 스며들기 전에,

내 마음속으로 황량한 가을 냄새가 배어들기 전에,

수확이 지나간 텅 빈 들녘에서 방황하는 가을을 만나기 전에,

내 가슴속에 그들먹하게 고인 쓸쓸함이 스쳐 간 인연들을 향한 그리움으로 솟아나기 전에,

가야 할 길이 오래 남은 듯이 보이던 여름이 흔적 없이 떠나고 나면, 경기를 끝낸 달리기 선수가 새로운 경기를 준비하듯 새 계절을 맞기 위한 마음의 끈을 단단히 동여야겠다.

어제 남편과 점심 외식을 한 후 주차장으로 향하는데 높아진 하늘이 눈에 확 들어왔다.

"어머, 하늘을 보니 정말 가을이 오네."라고 내가 말하자, 사춘기 소녀처럼 하늘을 보고 감탄하는 초로의 여인네 말본새에 심

사가 뒤틀렸는가.

"햐, 마음은 아직도 청춘인가 보네. 이 나이에도 하늘을 보고 감탄이 나오나?"라고 남편이 되받아쳤다.

기왕 나온 김에 공원 벤치에 앉아 해바라기를 할까 했던 마음이 머쓱해진 채, 집으로 돌아오는 차 속에서 '내 나이가 어때서'라는 노래를 떠올리며 혼자 웃었다.

정말 내 인생의 절정은 언제였을까. 육체적 면역력과 정신적 통제력이 가장 왕성했던 삼십 대, 금력과 권력의 힘이 최고였던 사십 대. 정신과 육체에 안락함을 여유롭게 즐겼던 오십 대였을까.

자연의 순환을 따라 사계절이 되풀이되듯이, 인생에도 계절의 순리가 있는 것 같다. 겨울을 거치지 않고서 봄이 올 수 없듯이 여름을 건너뛰고서 가을로 갈 수는 없다.

계절의 단계를 비추어 볼 때 내 인생은 이미 가을로 들어섰다. 고향을 떠나 본 사람만이 고향이 어떤 곳인지를 알듯, 세월이 흐르면 내가 살아온 여름이 얼마나 귀중했는지 더욱 깨닫게 될 것이다.

주름진 손등에서, 시큰거리는 손목에서, 저리는 손마디에서 언뜻언뜻 삶의 끝자락을 느낄 때, 내 인생의 여름을 추억하게 되겠지. 젊음이 그랬고 사랑이 그러하였고 또한 건강도 그러하였듯이 그리움은 늘 떠나보낸 후에야 모습을 드러내니까.

가득 채운 여름도 아름답지만, 결실을 위해서 자신을 비워내는 가을이야말로 인생에서 가장 아름다운 계절이 아닐까. 뭐든 이룰 것 같은 자신감이 넘쳐도 몸이 따라주지 않고, 스스로 기대했던 자신과 실제의 나 자신의 정도가 너무 벌어져 있는 현실. 그것을 인정할 수 없어 무력해지고 마음이 괴롭다면 내 인생의 여름을 억지로 붙들고 있는 것은 아닐는지.

젊음을 보내고 삶의 원숙함을 아는 그윽한 매력을 지닌 내 인생의 가을이 되길 바라며, 이제 여름과 이별한다.

내 나이 육십하고 하나일 때

헬스클럽에서 수영하다가 잠시 쉬는 중이었다. 의자에 기대앉아 무심히 사람들을 바라보고 있었는데, 풀장 저편 구석에서 한 여자가 앞가슴에 손을 모으고 물속에서 펄쩍펄쩍 뛰는 모습이 눈에 들어왔다.

'어머나!' 직감으로 비키니 수영복 끈이 풀어져서 윗부분이 물속에 빠진 거라는 생각이 들어 후다닥 일어났다. 우선 그녀의 노출된 가슴부터 가려 주어야겠다는 급한 마음에 내가 치마처럼 두르고 있던 수건을 풀어 손에 쥐고는 그쪽을 향해 재빠르게 걸어갔다.

그런데 이게 웬일인가. 가까이 가보니 물속에서 뛰고 있던 사람은 놀랍게도 중년 남자였다. 어떻게 남자가 여자처럼 파마했냐며 흉을 보거나, 남자의 가슴이 어쩌면 그렇게 여자 같냐고 웃을 새도 없이, 내가 안경을 안 썼다는 걸 깨닫는 순간의 낭패감이라니.

내가 안경을 처음 써본 것은 여고생 시절이었다. 당시 나는 '나나 무스쿠리'라는 여가수의 노래에 심취해 있었는데, 그가 쓴 검은 뿔테 안경이 쓰고 싶어서 안달했었다. 그러나 당시 내 시력이 2.0이었으니 안경을 사달라고 할 수도 없었다.

그러던 어느 날 내게 기적 같은 일이 일어났다. 화신백화점의 천보당 안경점에서 일하는 사람이 우리 집 아랫방에 세 들어 온 것이었다. 얼마 후부터 나는 칠판 글씨가 잘 보이지 않아서 학교에서 공부가 안된다고 엄마에게 투정을 부리기 시작했고, 결국 엄마는 천보당에 가서 안경을 맞춰 주었다.

물론, 안경사인 오빠와 내가 사전에 공모했다는 사실을 엄마는 전혀 몰랐으니까 가능한 일이었다.

그때 처음 써 보았던 도수 없는 안경이 시초였는지 모르지만, 결국 내 눈은 난시가 되었다. 이제는 노안까지 겹치다 보니, 안경 없이는 일상을 편하게 해 나갈 수 없다. 맨눈으로 책을 보면 활자들은 거무스름한 줄로 보이고, 겹쳐 보이는 사물에 초점을 맞추려면 늘 미간을 찡그리게 된다.

그뿐이 아니다. 반갑게 다가오는 지인을 너무 데면데면하게 쳐다보는 바람에 건방지다는 오해를 받기도 했고, 못 본 체 인사도 없이 지나치는 내 모습에 배신감까지 느꼈었다는 말을 듣기도 했다.

나이는 못 속이는 거라고 스스로 위로하다가도, 노화 현상이 복병처럼 가끔 한 번씩 내 마음을 툭툭 칠 때면, 별 의미 없이 받아들이던 일에서도 괜스레 주눅이 든다.

초점을 못 맞추는 시력을 통해서 내가 늙었다는 것을 실감하고 보니 왠지 마음이 서늘해진다. 그동안 혹사당했던 내 몸을 지금부터라도 다독이지 않으면 어디서 언제 쿠데타를 일으킬지도 모르겠구나, 하는 걱정도 생긴다. 생각해 보니 지금껏 사는 동안 나이를 의식하며 산적이 거의 없다.

아니, 어쩌면 몸은 계속 늙어 갔는데 의식적으로 늙음을 인정하기 싫었는지도 모른다. 세어 버린 머리칼을 검게 물들이고, 젊은 시절 청바지를 다시 꺼내입고, 화장으로 피부를 가꾸면서 아등바등 매달렸던 기억들이 오늘은 왜 추레하게 느껴질까.

흔히들 마음에도 눈이 있다는 이야기를 한다. 그래서 신체의 눈은 육안이고, 마음의 눈은 심안이다. 눈에 보이는 것들을 추구하고, 손에 잡히는 무엇인가를 이루려 사는 것이 '젊음'이라면, '늙음'이란 마음의 눈으로 자신을 바라보며 나이 드는 것은 아닐는지.

가수 이장희가 불렀던 노래 중에 '내 나이 육십하고 하나일 때'라는 노래가 있다. 그 노래 마지막 부분은 이런 내용이다.

내 나이 육십하고 하나일 때
난 그땐 어떤 사람일까
그때도 사랑하는 건 나의 아내
내 아내뿐일까
그때도 울을 수 있고
가슴 속엔 꿈이 남아 있을까.

부양했던 부모님도 떠나고, 장성한 자식들도 사라져 버린 외로운 공백이 두렵다면, 각종 모임에 참석하고 하루에도 몇 번씩 친구들과 전화를 하고 일주일에 몇 번씩 쇼핑을 다녀도 울적하고 허전하다면, 하루에 한 번 쯤, 십분 만이라도 눈을 감고 자신의 마음을 바라보면 어떨까.

내 마음을 자꾸 들여다볼 수 있다면 가슴 속에 남아있는 꿈은 없더라도, 내 나이 육십하고 하나일 때, 내가 어떤 사람인지는 알 수 있지 않을까?

추락이 날 주저앉게 하기 전에

우편함을 열어보니 엽서 한 장이 와있다. 낙상(落傷)에 대한 예방과 교육을 위한 콘퍼런스에 참석 여부를 알려 달라는 초청장이었다. 엽서에 쓰인 'Don't Let a Fall Get You Down.'이라는 멋진 슬로건에 반해서 참석하겠다는 전화를 단박에 걸었다.

평상시 노인 복지에 대한 상담 전화를 많이 받는 편이다. 전화의 시작은 보통 노인 복지 혜택의 행정적 절차를 묻는 것으로 시작하지만, 치매를 앓거나 낙상(falling)당한 부모님을 병간호하는 자녀들이 고민을 들어주다가 끝맺는 경우도 허다하다.

사실, 상대방이 누군지도 모르면서 통화 내용만으로 상황을 짐작하며 대답하는 일이 탐탁하지 않을 때도 있다. 그런데도 내가 전화를 선뜻 끊지 못하는 까닭은 상대방의 음성과 상황 설명에서 느껴지는 절박함이나 우울함이 내 마음에 너무나 깊게 와 닿기 때문이다.

낙상 환자나 그 가족들의 전화를 받다 보면 대부분이 "환자가 넘어지기 전에는 건강했는데 한 번 낙상을 한 후부터 건강이 너무 나빠졌다."라고 말한다.

물론 그런 경우도 있겠지만, 낙상을 당해서 건강이 나빠진 경우보다는, 낙상하기 전에 어떤 원인으로든지 균형 장애(balance disorder)가 있었던 것을 인지하지 못했던 경우가 더 많다는 생각이 든다.

균형 장애란 누워 있거나 앉아 있을 때는 괜찮으나 서 있거나 걸을 때 중심을 잃고 쓰러지는 증상을 말한다. 균형 장애로 쓰러지는 낙상은 75세 이상의 노인들이 병원을 찾는 가장 흔한 원인 중 하나인데, 유독 노인의 낙상이 문제가 되는 것은 환자 자신뿐 아니라 간호하는 가족들이 받는 육체적인 고통과 정신적 피해가 예상외로 크기 때문이다.

낙상으로 골반을 다친 구십 세 노모의 병구완을 하는 육십 대 주부의 전화를 받은 적이 있다. 자식의 도리라는 생각에서 노모의 병구완을 혼자 감당하다 보니 자신의 건강에도 이상이 왔다.

덫에 걸린 듯 꼼짝달싹도 할 수 없이 반복되는 삶에 덩그러니 혼자 남겨진 기분은 우울증까지 생겨 살고 싶은 의욕까지 잃게 했다. 바닥까지 탈진해 버리고 나니 그 뒤에 기다리는 것은 좌절뿐이었다.

그렇다. 내 마음이 원하는 것을 정직하게 바라보지 못하고 때를 놓치면 결국 마음에도 균형 장애가 온다.

나이가 들수록 몸과 마음이 균형 잡는 일이 어렵다는 것을 실감한다. 사는 일에서 만족감을 느끼려면 풍족함과 결핍, 기쁨과 노함, 슬픔과 즐거움의 순환이 삶 속에서 잘 어우러져야 하는데, 일상은 뜻대로 되는 일보다 마음대로 되지 않을 때가 더 많다.

그때마다 마음이 초조해지고 화가 치밀지만 일일이 표출할 수도 없어 안으로만 억눌러 버리면 마음이 균형을 잃는다. 육체도 함께 추락할 수밖에 없다.

십 년 전 중국에 갔을 때, 호텔 주변 여기저기 빈터에서 시니어 그룹이 태극권을 하는 모습을 본 적이 있었다. 나이든 사람들이 몸을 움직이는 모습이 참 신비스럽고 인상적이어서 나도 환갑 때 즈음이면 꼭 배워보리라고 생각했었다.

육십이 되면서부터 벼르다가 겨우 두 달 전에야 태극권을 시작했다. 태극권이 나이 들어 시작하는 운동이라는 생각은 내 무식함의 소치였다는 것을 배우고 나서야 알았지만, 내 몸의 균형

감각이 조금씩 늘어가는 것을 느끼면서, 늘그막에 낙상 예방에는 더할 나위 없이 좋은 운동이라는 믿음이 생긴다.

오늘 받은 엽서를 책상머리에 붙여 놓았다. 엽서 속 멋진 슬로건은 내가 콘퍼런스에 참석하고 난 후에도 나를 고무시길 것이다. 'Don't Let a Fall Get You Down.' 그래, 추락이 날 주저앉게 하지 않겠다.

삶이 저물 무렵

케어 기버(Care giver) 일을 처음 시작했을 때, 어떡하면 노인들을 잘 돌봐 드릴 수 있을까, 라는 생각을 자주 했었다.

내 엄마나 할머니에게 하듯 진심으로 대하면 서로 마음이 통할 거라는 믿음으로 일을 했지만, 가끔 성격이 괴팍한 분이나 내가 도저히 이해할 수 없는 분을 만났을 때는 혼자서 속앓이도 무던히 했었다.

늙어 보지 않은 사람이 감히 노인의 마음을 이해하려 했다니, 그것이 얼마나 어리석은 생각이었는지를 깨달은 것은 한참 뒤였다.

주먹 쥔 손과는 악수할 수 없다. 이 말은 내가 아무리 노력해도 상대가 원하지 않으면 서로 교감할 수 없다는 뜻이기도 하다.

칠 년 전, 이 간단하고 명백한 진리를 내게 깨우쳐 준 사람이 있었다. 어느 날 일을 하면서 무심코 노래를 부르고 있었는데, 갑자기 뒤에서 손뼉 치는 소리가 들렸다.

뒤를 돌아보았을 때 나는 깜짝 놀라서 하마터면 자빠질 뻔했다. 손뼉을 쳤던 사람은 지난 삼 년 동안, 온종일 거의 두 주먹을 꼭 쥐고 휠체어에 앉아 있던 할머니, 아무리 말을 걸어도 대답 한 번 하지 않았던 중증 치매 환자 할머니였기 때문이었다.

내가 부르던 노래를 듣고서 할머니는 어떤 기억을 떠올렸던 걸까?

자신의 이름과 가족의 얼굴까지 모든 기억을 잃은 할머니가 박자까지 맞춰 손뼉을 쳤다는 것이 너무 신기해서, 할머니와 마주 앉아 노래를 부르고 또 불렀었다. 그래. 지난 시절 사랑의 기쁨도, 이별의 아픔도 있었을 테니, 할머니가 좋아했던 노래가 어찌 한두 곡뿐일까.

그 일이 있고 난 뒤 나는 소위 '뽕짝'이라고 불리는 흘러간 가요를 열심히 배웠다. 양로원에 새로운 할머니가 입소하시거나 경축할 일이 생기면 모두 함께 노래방에 가기도 했다.

지난 토요일에 노래방에 갔었다. 건강을 되찾고 딸네로 귀환하는 할머니의 송별회 겸 새로 입소한 분의 환영파티였다.

노래방으로 들어선 할머니 분대를 보고 카운터에 있던 청년의 눈이 휘둥그레졌다. 평균 나이가 85세였으니 그럴 수밖에. 어색한 분위기를 깨기 위해서 첫 번 타자로 내가 '봄날은 간다'를 뽑았고, 동행한 스태프가 두 번째 노래를 부르고 나서야 망설이던 할머니들도 노래를 부르기 시작했다.

프랭크 시내트라의 '마이 웨이'를 좋아한다는 할머니.

노래라고는 평생 한 번도 해 보지 않아서 듣기만 하겠다는 할머니. 모든 노래를 똑같은 음정으로 웅얼거리는 할머니. 궁상맞다고 핀잔을 들으면서도 꼭 처량한 노래만 부르는 할머니. 조금 전에 노래 부른 것을 잊어버려서 똑같은 노래만 세 번 부른 할머니. 혼자 부르라면 손사래를 치면서도 남이 부를 때면 꼭 끼어드는 할머니.

늙는 것은 육체일 뿐 '마음은 언제나 청춘'인 할머니들의 얼굴에서 웃음꽃이 활짝 피는 것 같았다.

달뜬 표정으로 노래를 부르는 할머니들의 모습을 보는 동안 많은 생각이 들었다. 생애의 끝부분을 걷고 있는 할머니들, 그들이 걸어온 삶에 후회는 없을까. 사는 동안 그들에게 행복을 가져다준 것은 무엇이었을까.

난 사랑했고 난 웃고 울었네. 난 충만한 적도 있었고, 때론 실패도 겪었지.

그리고 지금 눈물이 잦아들면서 난 그 모든 것이 참 재밌었다는 걸 알게 되었네.

'마이 웨이(My Way)'의 노랫말처럼 나는 지금 그 모든 것과 맞서며 나 자신만의 방식으로 당당하게 인생길을 걸어가고 있는 걸까.

노인들과 함께 오래 생활하다 보면, 과거에 어떻게 살아왔느냐 하는 것이 어떻게 늙느냐를 규정짓게 한다는 것을 문득문득 깨달을 때가 있다.

그럴 때마다 지나온 내 삶을 돌아보면 나의 미래가 두려워진다. 기쁘기도 슬프기도 했던 내 삶 속에서 때론 숨이 찰 만큼 힘들게 고민하며 행했던 많은 일은 내 삶이 저물 무렵에 어떤 모습으로 내 앞에 나타날까.

나는 지금 잘살고 있는 걸까.

내 마음의 문턱

한국을 방문할 때마다 친정아버지와 내가 꼭 들르는 냉면집이 있다.

가업을 이어 3대째 손자가 운영하는 그 냉면집은 아버지의 오랜 단골집이다. 언젠가 그 집에서 아버지와 함께 냉면을 먹다가 "미국에서도 냉면을 사 먹을 수 있는데, 이상하게도 이 집 냉면은 가끔 먹고 싶을 때가 있어요."라고 말한 적이 있다.

그 후부터 아버지는 그 집 냉면을 내게 사 먹이는 일을 신조로 삼으신 것처럼, 내가 서울에 도착하면 당장에 그 식당부터 가자고 하셨다.

사실, 나는 냉면을 아버지만큼 좋아하는 것은 아니다. 그럼에도 불구하고 한국에 갈 때마다 아버지를 모시고 그 집에 가는 가장 큰 이유는 평상시에 아버지 혼자 그 식당에 가는 것이 불가능하기 때문이었다.

오래전 중풍을 만났던 아버지는 신체의 오른쪽을 쓸 수가 없다. 그래도 휠체어를 타고 간병인의 도움을 받으면 어디든지 외출할 수 있다. 그런데도 그 집 냉면을 사 먹지 못하는 까닭은 그 식당 문턱에 있는 두 개의 계단 때문이었다.

내가 아버지를 모시고 그 식당에 가도, 키가 180센티가 넘는 아버지가 탄 휠체어를 계단 위로 들어 올리는 것은 역부족이다.

간병인과 내가 입구에서 쩔쩔매고 있으면 언제나 도와주려는 사람들이 달려왔지만, 뭇사람들의 시선에 행여 아버지 마음이 상할까 싶어 신경이 쓰인다.

물론 그 집에서 냉면을 먹지 않으면 되겠지만, 겨우 일 년에 한 번 정도 볼 수 있는 딸에게 맛난 냉면을 사주려고 달력에 동그라미를 그려가며 기다리셨을 아버지 마음을 생각하면, 차마 가지 말자는 말을 꺼낼 수가 없다.

이번에도 어김없이 아버지는 나를 그 냉면집에 데리고 가셨다. 그런데 이게 웬일인가. 식당 앞에 가니 입구에 계단이 없었다. 그뿐만이 아니었다. 가까이 가니 자동문이 스르르 열렸다.

슬쩍 밀었을 뿐인데 휠체어가 식당 안으로 혼자 구르듯이 들어갔다. 그 사이에 주인이 바뀌었나 싶어 둘러보니 낯익은 젊은

이가 웃으며 서 있었다.

세상에 이렇게 고마운 일이 또 어디 있겠냐며 머리를 숙이며 인사를 했더니, 개조할 때가 돼서 고쳤을 뿐이라는 주인장의 겸손한 대답이 돌아왔다.

"아버지가 사주시는 이 집 냉면이 제일 맛있어요. 내 돈 안 들이고 먹을 때 냉면사리 하나 더 먹어야지. 출국 전에 한 번 더 사주세요."

어리광부리며 냉면 그릇에 코를 박고 먹는 내 모습을 바라보는 아버지의 얼굴에서 웃음이 빵빵 터졌다.

그 집 냉면 맛을 유난히 좋아하는 아버지가 언제라도 냉면을 사 잡수실 수 있겠다는 생각에 밀려오는 행복감이 내 입맛을 더했다.

이제는 미국에서 내가 냉면을 사 먹을 때마다, 아버지 생각이 나서 냉면 발에 목이 콱콱 막히는 일도 없겠구나.

문턱 하나 없어진 것이 장애인 한 사람뿐만 아니라 가족의 마음마저 이토록 기쁘게 해 주다니. 문턱이 사라진 출입구를 걸어 나오는데 문득 스치는 생각이 있었다.

"혹시 내 마음에는 문턱이 없었을까?"

마음속에 담고 살았던 편견과 고정관념들. 겉으로 내보이지 못하는 인종차별, 학력차별, 그리고 빈부의 차별. 그뿐이랴. 출신 지역, 출신 학교, 다른 종교, 같은 교인 거기에다 젊고 늙음에 대한 외모의 차별까지.

내 마음속에 문턱을 높이 세워 놓고, 모든 일을 내 중심으로만 보느라 주위 사람들의 아픔 같은 건 느끼지도 못하고 살았구나. 누군가는 아무렇지 않게 넘는 문턱이 누군가에게는 넘을 수 없는 장벽이 될 수 있는 걸 이 나이가 되어서야 알다니.

내 마음의 문턱을 없애는 일, 나와 더불어 살아가는 사람들을 위해서 내가 꼭 해야 할 일이다. 이 또한 내 아버지의 일이 아니었더라면 무심히 지나쳤을 이기적 깨우침이라 내심 부끄럽지만, 참 다행이다.

아직도 내게 주어진 시간이 있다는 것이. 지금도 늦지 않았다는 것이.

나는 어떤 친구일까

육친 같은 벗들과 함께 세상을 산다는 것은 참 큰 행운이다. 나에게도 그런 친구들이 있다.

한참 동안 만나지 못했어도 다시 보면 방금 헤어졌던 것처럼 스스럼없는 친구.

나보다 더 힘들게 살면서도 늘 나를 먼저 염려하는 친구.

사는 형편이 나보다 썩 나은 것도 아닌 데 늘 앞서 셈을 치르려는 친구.

내게 막히는 일이 생기면 언제라도 척척 풀어주는 해결사 친구.

세어보면 다섯 손가락 안에 드는 숫자에 불과하지만, 나를 속속들이 이해해 주는 그 친구들이 없었다면, 가족과 함께 살면서도 혈혈단신처럼 느껴졌던 이민자의 삶 속 퍽퍽한 외로움을 어찌 견뎠을까.

친구는 기쁨을 배로 하고 슬픔을 반으로 줄인다고 했다. 작은 일에도 마음이 흔들리고 흥분 잘하는 나를 언제나 다독이고, 기상천외한 유머로 끝내 날 웃게 했던 친구들.

때론 바람이 분다고, 낙엽이 진다고 글을 보내고, 눈 오는 날이면 보고 싶다는 마음을 전화로 전해 주었던 낭만파 친구들.

가끔 세상 속 인간관계라는 게 결국 물질적 이용가치에서 오는 것이라는 실망으로 마음이 슬퍼질 때, 내 곁을 지켜주는 그 친구들 생각을 하면서 다시 힘을 얻었다.

생각해 보면 친구랑 만나는 횟수가 잦다고 해서 또 알아 온 세월이 길다고 해서 관계가 돈독해지는 것은 아닌 것 같다.

십수 년 넘게 알고 지냈어도 상대의 단점만 지적하는 사람, 자신에게 이용가치가 있을 때만 연락하는 사람, 매번 만날 때마다 돈 한 푼에도 계산적인 사람, 어쩌다 한번 사 준 차 한 잔을 두고두고 생색내는 사람과 아무리 긴 세월을 함께 한들 그사이에 어찌 진정한 우정이 쌓일 수 있을까.

가끔 내 주변 사람들을 찬찬히 살펴볼 때가 있다. 내 곁에 있다고 해서 모두가 다 친구라고 할 수 있을까.

내 곁에 있는 사람 중에 내가 친구라고 부를 수 있는 사람은 누구일까. 어찌 보면 이런 생각을 하는 것이 무척 이기적인 행위로 보일 수도 있겠지만, 어떤 이익이나 필요성을 계산하며 친구를 고르려는 의도는 결코 아니다.

내게 '친구'란 서로 끌어 주고 서로 기대기도 하면서 때로는 든든한 버팀목이 되어 함께 삶을 보내는 중요하고 의미 깊은 존재이기 때문에 그들을 통해서 나의 마음을 돌아보는 방법이기도 하다.

친구의 종류를 꽃, 저울, 산, 땅의 의미로 분류한 글을 읽은 적이 있다.

꽃 같은 친구는 화려하지만, 꽃이지는 듯 사라지는 단점이 있고, 저울 같은 친구는 자신의 잇속을 따져 왔다 갔다 하니 논할 가치조차 없는 친구이고, 산 같은 친구는 찾아가면 아름다운 꽃과 나무, 산새 등 없는 것이 없을 정도로 풍요롭고 변함이 없으니 좋은 친구이고, 땅 같은 친구는 매일 만날 수 있을 뿐 아니라 아무 때 찾아가도 변함없이 받아주니 제일 좋은 친구라는 내용이었다. 과연 나는 어떤 친구였을까.

나이에 따라서 정서도 함께 변하는 것이 참 다행하다. 시간이 흐르니 친구를 대하는 마음도 달라진다.

어린 시절에는 친구의 마음 깊숙이 들어가 서로 하나가 되어 생각과 감정을 나누고, 서로 닮아가고 싶은 조급한 마음이 앞섰었다면 지금은 시선을 맞추고 같이 앉아 있기만 해도 마음이 느긋해지는 느낌이다.

이야기를 쏟아내기에 급급하기보다는 친구가 하는 말에 귀를 기울일 수 있는 지금의 여유로움이 참 좋다.

가끔 먼저 떠난 친구를 떠올리며 '그때 좀 더 잘해 줄걸.' 하는 생각을 한다. 친구의 이야기를 가만히 들어줄 뿐 가볍게 판단하려 하지 않는 것.

내 눈에 맞게 고치려 하지 않고 있는 그대로 존재를 받아들이는 것. 이런 일들이 좋은 친구가 되는 길이었다는 것을 진즉에 내가 알았더라면, 지금 지난날을 후회하는 일도 없었을 텐데.

생각의 고리

사는 동안 외로움을 느끼지 않는 사람이 있을까.

외로움을 느끼게 하는 요인들에는 여러 가지가 있겠지만, 특히 배우자와 사별한 사람에게 상실감과 함께 다가오는 외로움은 다른 경우에서보다 훨씬 심한 듯하다.

아침결에 전혀 알지 못하는 사람의 전화를 받았다.

일 년 전 남편과 사별한 후, 자신이 어떻게 살아야 하는지도 모르겠다. 막막한 현실에서 허둥대다 보니 우울증에 빠져 버렸다. 이러다 치매에 걸리는 것은 아닌지, 너무 두렵고 고독해서 전화했다는 얘기였다. 그의 말을 듣다 보니 말문이 탁 막혔다.

'책 속에서 얻은 얕은 지식이나 인생철학을 인용하여 위로랍시고 그럴듯하게 꾸며대는 말이 그에게 무슨 도움이 될까?' 하는 생각이 들었다.

나이가 들면 배우자나 형제, 친구 등의 죽음을 경험하게 된다. 가까이 머물며 내가 의지할 수 있는 존재가 점점 줄어든다는 말이다. 상실의 슬픔은 공허함과 고독감으로 마음속으로 스며들어 결국엔 외로움만 증폭시킨다.

세상 사람 모두에게 인생의 동반자가 있는데, 자기는 그것을 잃어버렸다고 생각하는 사람이 불현듯 찾아온 독감 같은 외로움을 혼자 이겨낼 수 없을 때 어찌해야 할까.

십 년 전 즈음에 우울증 진단을 받은 할머니가 막내딸 손에 이끌려 입소했던 적이 있었다. 그 세대에서는 쉽게 만날 수 없는 고학력을 지닌 할머니였다.

남편이 세상을 떠난 후에도 혼자서도 꿋꿋이 일상을 잘 해내는 것처럼 보였다. 할머니의 심적 고통이 밖으로 드러난 것은 남편의 1주기 추모예배 때였다.

예배 중에 갑자기 할머니가 "이 나쁜 XX야, 왜 먼저 죽어서 날 힘들게 하고 XX이냐."라며 고함을 지르고 욕설을 하는 모습을 보고서야 자녀들도 할머니의 심정을 알게 되었다.

세상의 현자들은 혼자서 고독과 마주하는 시간이야말로 자신을 만나는 가장 진실한 순간이라고 한다. 그러나 현실 속에서 느끼는 외로움은 진실은커녕 아픔과 두려움만 가져올 뿐이다.

앞서간 사람에 대한 연민이나 그리움보다는 내 삶을 흔들어대는 외로움이나 소외감이 점점 더 마음을 힘들게 한다.

어쩌면 이런 내면의 감정을 인정하고 싶지 않아서 그 감정에 빠지지 않기 위해서 더 요란하게 소리를 지르고, 공연히 분주하게 무리 지어 돌아다니는 것인지도 모르겠다.

가끔 우울증을 앓는 노인들을 만나게 된다. 오래전부터 앓고 있었든 가족으로부터 격리된 상황에서 갑자기 얻게 되었든 그들은 자신이 항상 우울하다고 믿는다.

그러나 내 경험으로 보아 그것은 사실이 아닌 것 같다. 아무리 심한 우울증을 가진 할머니라 해도 하루 중 어느 순간에는 밝고 건강한 모습이 될 때가 있다.

여럿이 모여 이야기를 나눌 때나 맛난 음식을 먹을 때, 마음에 드는 선물을 받을 때, 정말 즐거운 감정이 되는 그런 순간이 있다.

생각의 고리는 행동과 감정과 연결되어 있다. 불쾌한 생각을 하면서 즐겁게 웃을 수 없듯이 생각을 바꾸면 감정이 바뀌고, 감정이 바뀌면 행동이 달라진다.

그렇다. 슬픈 생각을 해야 눈물이 나고 웃으려면 재미있는 생각을 해야 한다. 불행했던 과거에 매달려 있는데 어떻게 지금 행복하기를 바랄 수 있겠는가.

에머슨은 '모든 행동의 조상은 생각'이라고 했다. 좀 더 행복해지고 싶은가? 그렇다면 지금 당장 행복해질 수 있다는 생각부터 하자.

처음부터 그러하였듯이

이른 새벽, 문틈 사이로 들이비춘 불빛에 잠이 깬다.

문득 코끝에서 느껴지는 커피 향, 새벽녘 집안 가득 퍼져있는 커피 냄새는 언제나 마음을 설레게 한다. 일어날까 더 누워있을까.

가만히 눈을 감고 들리는 소리에 귀를 기울여 본다. 졸졸 수돗물 흐르는 소리, 사각사각 칫솔질하는 소리. 큼큼 남편의 잔기침 소리, 멀리서 굴러가는 차바퀴 소리. 새벽이 뒤척이는 소리다.

야행성 아내의 새벽 단잠을 깨우지 않으려 까치발로 집안을 오가는 남편의 모습, 눈을 감아도 보이는 듯하다.

누군가가 내게 지금 행복하냐고 묻는다면, 나는 단연코 그렇다고 말하리라. 지난밤 아무리 힘들고 지쳤었더라도 새벽이 되면 늘 마음이 설렌다.

웨딩드레스를 입고 혼인 서약을 할 때처럼 온몸을 떨게 하는 그런 설렘은 아니지만, 불변의 법칙처럼 반복되는 일상 속, 아주 작고 흔한 이유 하나만으로도 행복할 수 있는 지금의 남남한 삶이 좋다.

결혼이 족쇄처럼 느껴질 때도 있었다. 늘 장미처럼 향기를 뿜어낼 것 같았던 열정은 어느 사이에 사라졌고, 밥숟가락 질에 떠밀려 살아야 하는 현실 속에서 자신감을 잃고 우울해했던 순간들.

한 남자의 아내로, 아이들의 엄마로 살아가는 것이 내 꿈을 하나씩 버리는 것인 줄 미리 알았더라면, 모닥불처럼 일렁이던 가슴도 생의 어느 한순간 얼음처럼 굳을 수도 있는 것을 진즉 알았더라면, 지금보다 훨씬 더 큰 기쁨으로 충만한 삶을 가질 수 있었을까.

지난 기억 속에서 나는 매번 다른 모습으로 나타난다. 어설프게 서성이던 세월 속에서 나는 한때 망아지였다가, 어느 때는 순한 양이었다가, 뿔 난 소의 모습이 되어 있다.

그래, 소는 언덕이 있어야 비빈다고 했다. 뿔 난 소가 아무리 비비고 들이대어도 묵묵히 있는 언덕. 남편이 그런 언덕처럼 느껴질 때가 있다.

어느 날 갑자기, 생각지도 못한 난항을 만나 흔들리는 다리를 건너듯 불안했을 때, 이리 살려고 미국에 온 것은 아니었다는 아내의 불평 속에서도 묵묵히 제 역할을 지키며 살아온 남편, 그가 있었기에 언덕 위 맑은 샘가에서 목을 축이고, 평화롭게 꼴을 뜯는 소처럼 내가 살아올 수 있었음을 이제는 알겠다.

남편도 모든 것을 훌훌 털어버리고 살고 싶었던 적은 없었을까.

남자로 태어나 어쩔 수 없이, 한 가족의 가장으로 살아야 하는 책임감 때문에 한 마디의 불평조차 하지 못하고 살아온 것은 아니었을까.

아이들의 눈망울과 자신을 바라보는 아내의 얼굴을 떠올리며 있는 대로 안간힘을 쓰며 때로는 참을 수 없는 울컥함도 그냥 삼키면서, 정작 그 자신은 아무것도 받지 못하고 사느라 외로웠던 것은 아니었을까.

어쩌면 아직도 가장의 굴레만 벗어 버릴 수 있다면 속이 후련할 것이라고 생각하는지도 모르겠다.

모든 것이 과정뿐인 인생길에서 한 곳만 바라보며 달리는 그의 삶은 언제나 같다. 눈을 감고도 나는 그가 무엇을 하는지 알 수 있다.

오늘도 남편은 늦잠 자는 아내를 위해 두 사람 몫의 커피를 끓였을 것이다. 집을 나서기 전, 남편은 다시 한번 방으로 돌아올 것이다. 잠시 선 채로 편안한 얼굴로 곤히 잠든 아내의 모습을 내려다보며 무슨 생각을 할까.

이제 곧 그는 자신이 끓인 커피 한 잔을 손에 들고 현관문을 나설 것이다. 그리고 온 힘을 다해 그에게 주어진 하루를 살아갈 것이다. 처음부터 그러하였듯이.

헤이즐넛 향이 집안 가득하다. 몇 분 후 나는 자리에서 일어나 잠이 덜 깬 걸음걸이로 부엌을 향해 가겠지. 커피포트 옆에 놓인 깨끗이 씻긴 빈 컵에 그가 남겨 놓은 내 몫의 커피를 따르며 나는 또다시 각오할 것이다.

내일 아침 커피는 꼭 내가 끓여주겠노라고.

길 위에 떨어진 단풍잎 한 장처럼

큰 병치레를 치르고 나면 삶을 대하는 태도가 많이 변한다.

대부분 사람은 질병의 고통을 통해서 과거를 돌아보고 잘못되었던 자신의 삶을 뉘우치면서, 진정으로 자신이 원하는 삶을 살기 위해 최대한으로 노력한다.

반면에 몸에 이상을 조금이라도 느끼게 되면 행여 병이 다시 도지는 것이 아닌가 하는 두려움에 떨기도 하고, 아픈 몸 때문에 무엇인가를 하지 못하게 될 때는 좌절감이 열등감으로 이어져 성격과 생활에도 영향을 주기도 한다.

막 잠자리에 들려고 하는 데 카톡이 왔다. 다른 주에 사는 친구였다. 한밤중에 무슨 일이 생겼나 하는 생각으로 잠시 불안했지만, 맏손자의 생일이 두 주전에 지나간 것을 조금 전에서야 알았다는 내용이었다.

자식들의 일이라면 용수철처럼 튀는 친구한테 아들도 아니고 손자의 생일을 그냥 지나친 불상사가 생겼으니 얼마나 속상했을까. 팔짝팔짝 뛰었을 친구의 모습이 떠올라 피식 웃으며 다시 잠을 청하려는데, 다시 "카톡" 하는 소리가 들렸다.

이번에 받은 것은 길 위에 떨어진 단풍잎 한 장을 찍은 사진이었다. 예쁘다는 감탄이 끝나기도 전에, 사진 속 단풍잎처럼 자기 신세가 너무 처량하다는 친구의 글이 따라왔다.

자신의 지병 때문에 기억 장치에 이상이 생겨 건망증이 온 것 같다고 했다. 이제 막내도 치대를 마치고 자리를 잡았으니 죽어도 여한은 없지만, 또다시 예전처럼 고통을 겪게 될까 봐 두렵다고 했다.

비로소 친구의 심정이 꽤 심각하다는 생각이 들었고, 오던 잠이 순식간에 달아났다. 한밤중 갑자기 밀려온 두려움과 외로움을 하소연할 수 있는 누군가가 절실하게 필요했었으리라.

내가 친구에게 붙여준 별명은 움직이는 종합병원이다. 겨우 백 파운드 남짓한 왜소한 체격을 가진 친구는 오랜 지병인 당뇨병뿐만 아니라 뇌 속에 작은 혹을 지닌 채 살고 있다.

십여 년 전 왼쪽 귀의 청각 기능을 잃었을 때, 수술로 제거할 수 없는 부위에 종양이 있다는 의사 진단을 받고 선택했던 최선

책이었다. 그 후에도 친구는 아무 흔들림 없이 엄마와 아내, 직장인으로 자신의 역할에 충실했고 일상과 취미 생활에서도 늘 활력이 넘쳤었다.

그랬던 친구가 손자의 생일 한 번 깜빡 잊은 것에 그토록 크게 낙심을 하다니 친구가 필요 이상으로 슬픔에 잠기지 않았으면 좋겠다.

길 위에 떨어진 단풍잎 한 장처럼 사람도 언젠가는 한 줌 흙으로 돌아간다. 인간의 영역이 아닌 일로 지나치게 걱정한들 상하는 것은 결국 마음과 육체뿐이다.

수년 전 암 환자 써포트 그룹에서 암을 네 번씩이나 앓았던 사람을 만난 적이 있었다. 그 힘든 항암치료와 수술을 몇 번씩 어찌 견뎌냈냐는 질문에 그가 말했다. 건강할 땐 그대로 즐겼고 아프면 의사를 찾아가 치료하면서 삶의 순리를 따랐을 뿐이었다고.

정말 맞는 말이다. 지금까지 사는 동안 걱정했다고 해서 어떤 일이 일어나지 않거나 일어난 일이 없어진 적이 한 번이라도 있었던가?

꽉 잠긴 문을 여는 비밀번호나 열쇠처럼 한순간에 친구의 마음을 풀어줄 수 있는 비법을 연구해 봐야겠다. 몇 년 전 내가 힘든 일로 기진맥진한 일상을 보냈던 적이 있었다.

그때 친구는 매일 아침 전화를 걸어 안부를 물으며 내게 힘을 실어 주었다. 어느 날 친구가 내게 이메일을 보냈다.

친구야, 나는 믿는다. 이제 바닥까지 내려가 보았으니 남은 것은 잘 되든지, 더 잘 되든지 둘 중 하나밖에는 없다. 친구야, 내 부탁 하나만 들어줄래? 다음 줄부터는 크게 소리 내서 읽어 봐.

그 밑에는 이렇게 쓰여 있었다.

하하하하 헤헤헤, 히히히히 호호호, 후후후 해해해, 우헤헤헤 우하하!

4부

생각을 바꾸는 일

- 공짜에 대하여
- 흔들의자에 앉아 보기
- 모래알을 품은 조개처럼
- 생각을 바꾸는 일
- 겨울 숲을 바라보다
- 한 걸음 물러서서 바라보면
- 내 인생의 미래를 함께 갈 친구
- 공존의 법칙
- 일상을 벗어난 또 다른 일상 속에서
- 위로의 메커니즘
- 삶의 길목에서 어둠을 만날 때
- 시절 인연
- 돌고 도는 285번 순환도로
- 만 불짜리 수표 석 장
- 동백 아가씨

공짜에 대하여

사람마다 즐기며 사는 방법이 다양하다. 식도락을 즐기는 사람은 소문난 곳을 찾아다니며 음식을 맛보는데 돈을 아끼지 않는다.

어떤 사람은 일 년 내내 절약해서 모은 돈을 단 한 번의 여행에 다 쓰는 것을 아까워하지 않는다.

또 어떤 사람은 제일 좋은 자리에서 오케스트라 연주나 오페라를 관람하는 것이 삶의 기쁨으로 삼는다.

두 평 남짓한 사무실에서 하루를 보내며 사는 내게 가장 큰 호사는 음악 연주회나 오페라를 직접 관람하는 것이다. 그러나 좋은 자리의 티켓을 사는 것은 희망 사항일 뿐, 내 얄팍한 지갑 사정은 언제나 최소한의 비용을 지출하는 철칙을 고수하게 만든다.

몇 년 전, 이 지역 심포니 오케스트라 연주회의 오프닝 연주를 통해서 여성 지휘자가 데뷔한 적이 있었다. 그때까지 나는 오케스트라를 지휘하는 여성의 모습을 직접 본 적이 없었던지라, 꼭 가고 싶었다.

다행히 그 연주회는 에덴스에 있는 대학 음악당에서 한 번 더 있을 예정이었고 마침 그곳은 절반 가격으로도 같은 연주회를 관람할 수 있는 곳이어서 내가 자주 이용했던 곳이었다. 다른 때처럼, 내 형편에 맞는 좌석을 인터넷으로 예매했었다.

연주회 날 내 좌석에 앉아 연주회가 시작하기를 기다리는 중이었다. 안내원이 다가오더니 내가 다른 사람의 자리에 앉았다고 말했다. 그럴 리가. 티켓을 확인하니 좌석 번호는 맞다. 그런데 날짜가 틀렸다. 티켓을 발매할 때 이름을 사용하다 보니 과거에 관람했던 연주회의 티켓이 다시 프린트되었다는 매표원의 이야기였다.

한 시간 반을 달려왔는데. 지금 다시 티켓을 살 수 없겠느냐고 물었더니 매진이었다. 어쩌겠나. 예매를 한 후에 다시 확인하지 않았던 내 잘못인걸.

심통을 부리다가도 가끔은 공짜라는 행운으로 반전을 일으키며 장난도 치는 게 삶이라는 걸까.

허탈감에 빠져 한동안 로비에 멍하니 서 있다가 출구 쪽으로 돌아서 가려는데, 나비넥타이에 정장 차림을 한 청년이 앞을 막아섰다.

음악당의 매니저라는 그가 내민 손에는 티켓이 들려있었다. 예매했던 사람이 못 온다고 하니 대신 쓰겠느냐고 물었다. 가격을 물으니 공짜라고 했다. 땡큐를 연발하면서, 자리를 찾아가니 놀랍게도 지휘자와 오케스트라 전원의 배치가 정면으로 보이는 곳, 내가 늘 꿈꾸었던 최고의 좌석이었다.

고요 속에서 여성 지휘자의 연주 봉이 위를 향해 올라가는가 싶더니 허공을 가르며 내려왔다.

"빠밤 빠밤 빠밤!"

베르디의 '라 포르자 델 데스티노 서곡'이 울려 퍼지기 시작했다.

'오, 마이 갓!'

하마터면 나도 모르게 와 소리를 낼 뻔했었다. 음향의 공명이 듣는 자리에 따라 그토록 다른 것을 몰랐었다니.

이래서 사람들이 그 비싼 돈을 들여가면서 오케스트라 좌석을 사는 거였구나. 온몸으로 퍼지는 경이로운 느낌으로 행복감에 흠뻑 빠졌던 한 시간 반의 연주회, 생각할 때마다 웃음을 머금게 하는 공짜가 주었던 기쁨에 관한 기억이다.

공짜란 자신의 노력이나 돈을 들이지 않고 얻는 것을 뜻한다. 사는 동안 나는 많은 것들을 공짜로 얻었다. 어찌 눈에 보이는 것이나 물질만을 공짜라고 할 수 있으랴.

생각해 보면, 공짜라는 행운은 언제나 내 곁에 머무르고 있었던 것 같다. 내 옆을 지켜주는 친구들의 우정. 어려운 일이 생길 때마다 뜬금없이 나타나 그 일을 해결해 주던 지인들의 보살핌. 나의 영역을 안전하게 지켜주는 가족들과의 교감.

그뿐일까. 책 속에서 얻어진 깨달음이나 지식을 비롯해서 아침마다 산책하는 숲길의 아름다운 풍경과 그로 인한 삶의 여유까지. 공짜가 주는 기쁨에 스스로 감사할 일이다.

흔들의자에 앉아 보기

늙어감에 대해 생각할 때 흔히 떠오르는 그림은 아마도 흔들의자에 앉아 있는 모습이 아닐까 싶다.

날씨 좋은 날 오후 흔들의자에 앉아 밖을 바라보거나, 조는 듯 명상에 잠겨있는 노인의 모습은 참 평화롭게 보인다.

바쁜 삶에서 물러나 모든 책임을 벗어버린 헐거움, 타인의 시선을 의식하지 않는 여유로움, 삶에 대해 뭔가 알고 있는 듯한 느긋함은 노년의 내 모습까지 아름답게 떠올리게 한다.

젊은 시절 상상했던 내 노년의 그림 속에도 흔들의자가 있었다.

예전에 보았던 어느 영화 속 로맨틱한 분위기로 채색된 장면들을 보고 내 나름대로 각색해서 만든 상상이었을 테지만, 창가에 놓인 흔들의자에 앉아 음악을 들으며 커피를 마시거나 책 읽는 모습은 바로 내가 원했던 노후의 풍경이었다.

흐르는 시간을 따라 살다 보니 멀어 보였던 노년이 어느새 코앞에 와 있다. 아직은 밥벌이를 해야 하는 형편의 삶은 노년인지라, 흔들의자에 앉아 시간을 보내는 고령 노인들 건강을 돌보는 일을 생업으로 삼고 있다.

그 덕분에 미래의 내 모습을 일찌감치 객관적으로 바라볼 수 있었으니 내 인생에 정말로 유익한 일이 아닐 수 없었다.

노인들과 함께 생활하면서 터득한 것은 너무나도 많다. 예를 들면 나이와 종교, 과거의 직업이나 교육 배경의 차이 같은 것은 노년기 삶의 만족감과는 거의 상관이 없다는 것.

평온한 노년을 보내는 노인은 저마다의 방식으로 삶을 풀어가는 능력을 갖추고 있다는 것이다. 그중에서 내가 깨달았던 심오한 사실 하나는 삶이란 게 애초부터 내가 계획한 대로 될 수 없다는 것을 노인들은 이미 터득했다는 것이었다.

자의로든 타의로든 노인 공동주거시설에 들어와 사는 노인들은 보통 두 가지로 나뉜다. 자신의 나이에 맞추어 노년의 삶을 편안하게 사는 경우와 치매나 자기도취에 빠진 정신적인 문제가 있는 경우다.

그런데 신기한 것은 편안하게 삶을 즐기는 노인들은 흔들의자에 앉아 무게의 중심을 앞뒤로 옮겨 리듬을 타면서 앉아서 오랜 시간을 보낼 수 있지만, 그렇지 않은 사람들은 흔들의자의 기능을 사용하지 못하거나 잠시 앉았다 일어설 뿐이라는 거다.

오래전 칠십 대 초반 뇌졸중을 겪었던 할머니를 보살핀 적이 있었다. 명문 여고 출신임을 유난히 밝혔던, 신조어로 '자뻑'인 할머니의 문제는 오른편 팔과 다리에 약하게 나타난 마비 증상이었다.

그러나 정작 더 큰 문제는 다른 곳에 있었다. 로또 상금으로 탔다는 오십만 불을 양로원에서 가로챘다는 둥, 한 달에 칠천 불씩 내고 있다는 둥, 자신의 밥에 독약을 탄다는 말을 하는 것이었다.

이런 터무니없는 말을 들었던 다른 분이 전해준 이야기를 듣고는 처음에는 웃어넘겼었다. 그러나 계속되는 날조의 파장을 견뎌낼 수 없어 할머니를 다른 곳으로 보내기로 했던 날, 마지막으로 내가 시도해 보았던 것이 바로 흔들의자였다.

나이가 들었다는 소식을 가장 먼저 알려 주는 곳은 몸이라고 했다. 나 역시 비껴갈 수 있겠는가.

지난달에는 급성 갑상샘염 때문에 치료받는 일이 발생하더니, 어제는 산책하다가 헛방 다리를 짚는 바람에 시멘트 바닥으로

엎어져서 안경이 깨지고 얼굴에 상처를 입었다. 함께 나갔던 할머니가 화장실에서 갑자기 사라져서 놀란 마음으로 찾던 중에 일어난 사고였다.

아침에 일어나 거울을 보니 오른쪽 뺨 긁은 자국에 멍이 사리를 잡았다. 환갑이 지나면 몸이 슬슬 달라질 거라 했던 인생 선배의 말씀이 들어맞았다.

요즘 들어 가끔 내가 하는 일이 힘겹게 느껴질 때가 있다. 손을 놓고 돌아서 도망가고 싶은 순간도 생긴다. 갑자기 몸이 아프고 중심을 잃고 넘어지기까지 하니 이젠 나도 늙은 건가 하는 생각에 마음이 서글펐었다. 그러나 지금, 흔들의자에 앉아 글을 마무리하고 나서 시계를 보니 그 시간이 꽤 길었다.

아직은 쓸만해서 다행인가. 그래, 내가 좋아서 선택했던 일이었다. 또다시 전진이다.

모래알을 품은 조개처럼

사람에게 과거나 미래를 통제하는 힘이 있으면 얼마나 좋을까. 미련하게도 사람은 과거에 경험했던 즐거움을 추억하며 부족한 현재를 탓하고, 미래를 걱정하느라 지금 누려야 할 시간을 허비하며 산다.

가끔 혼자 사는 노인들의 상담 전화를 받을 때가 있다. 앞으로 자신이 건강을 잃게 되면 의탁해야 할 곳을 미리 알아보고 싶다는 내용이 대부분이다. 이런 경우에는 상대방 나이나 환경을 물어볼 필요가 없다.

지금처럼 잘 살다가 십 년 후에 다시 전화하시라는 대답으로 내 쪽에서 끝낸다. 그러나 외로움 때문에 힘들어하는 내용의 전화를 받게 되면 상대방이 말을 끝낼 때까지 참고 들으며 기다린다.

얼마 전 혼자 사는 칠십 대 할머니의 전화를 받은 적이 있다.

효성이 지극한 아들도 있고 궁핍하지 않은 환경이라 남이 보기엔 전혀 부족함이 없지만, 삼 년 전 남편을 잃은 후, 주위 사람들에게 자신의 가치가 없어졌다는 생각으로 외부와 단절하고 살았다.

생각은 오로지 남편과 함께 누리던 찬란했던 과거에 고정되어 있었고 결국 그에게 남은 것은 자신을 향한 비참함과 우울뿐이라는 이야기였다.

바꿀 수 없는 과거를 한탄하며 사는 것만큼 마음을 피폐하게 만드는 일이 또 있을까. 살다 보면 상상조차 할 수 없던 일들이 생긴다.

믿었던 사람이 차갑게 등을 돌리고, 생명을 위협하는 질병이 몸속에서 발견되고, 불의의 사고로 사랑하는 가족을 잃기도 하고, 때론 빈털터리가 되기도 한다. 가슴 속은 타버리고 남는 것은 시커먼 숯덩이처럼 온통 절망뿐이다. 그래도 아무 말도 하지 못하고 자리에 털썩 주저앉을 그런 역경을 견디고 나면 사람은 더욱 강해진다.

TV 드라마에서 사랑 없는 정략 결혼한 부부가 싸우는 장면을 보았었다.

“나하고 이혼을 하면 네 인생에 남는 게 뭐가 있겠냐.”라고 큰 소리치는 남편에게 아내가 했던 대사가 있었다.

“괜찮아, 그래도 나는 남잖아.”

그렇다. 내 인생에서 가장 중요한 것은 내 자신이다. 스스로 아픔을 받아들이고 역경을 견뎌내지 못하고서는 자신을 지켜낼 수는 없다.

진주는 다이아몬드 다음으로 여성이 선호하는 보석이다. 은빛을 품고 있는 진주는 언제 봐도 아름답다.

그러나 진주는 땅에서 캐내는 광물이 아니다. 모래알이 살아있는 조개의 몸속으로 들어가야 만들어진다. 모래알이 조개의 몸속으로 들어가면 조개는 고통을 느끼고, 본능적으로 두 가지 반응을 보인다고 한다.

모래알에 반응하지 않는 조개는 결국 병들어 죽고 모래알의 도전을 받아들인 조개는 진주층(nacre)라는 분비물을 만들어낸다고 한다. 이 물질이 모래알을 감싸면서 세월이 흐르고 나면 진주가 된다고 한다.

조개는 실로 오랜 세월 고통을 견디어낸 후에 진주를 만들어낸다. 그래서 진주를 기다림의 보석이라고도 하고 인어의 눈물이라고도 부른다. 우리네 삶 또한 그러하지 않을까. 사는 동안 절망이나 슬픔을 겪지 않는다면 어찌 그것을 인생이라 할 수 있으리. 이 순간 나의 행동이 과거나 다가오는 미래를 바꿀 수는 없지만, 지금 내게 닥친 시련을 이겨내는 일은 자신을 지키는 일이다.

모래알을 품은 조개만이 은빛 영롱한 진주를 만들어 낼 수 있듯이, 내게 닥친 역경과 내가 만났던 고통의 크기만큼 내 인생의 노년은 빛나지 않을까?

지금도 슬픔 때문에 눈물이 나고 고통 때문에 사는 것이 힘들면 그것이 살아있다는 증거다. 왜 굳이 슬픔을 피하려고 하는가.

세상에 살아있다는 것보다 더 큰 행운은 없다.

생각을 바꾸는 일

사람은 제각각 자신이 정한 규칙이나 방법 또는 방식에 따라 살아간다.

아침에 눈을 뜨면 꼭 커피 한 잔을 마셔야 한다든지, 수표의 사인은 반드시 만년필로 한다든지, 하는 생활 규칙뿐만 아니라 인간관계 같은 정신적인 부분에서도 자신이 정한 방식을 적용하며 살아간다.

내게도 나름대로 정해놓은 규칙이 있다.

한 주에 두 번은 숲길을 걷겠다든지, 독서는 반드시 오전 중에 하고 운동은 오후에 하겠다든지, 일주일 중에서 하루는 온전히 나만을 위해 시간을 보내려고 하는 것 같은 일상적인 것도 있지만, '남의 생각을 바꾸려 하지 말자.' 처럼 인간관계를 위해 정해놓은 규칙도 있다.

사실, 지금까지 내가 정한 방식으로 살아오는 동안 내 삶은 아무 탈 없이 진행되었다. 그래서 나름 내 방식과 규칙이 보편적이고 타당하다는 믿음도 생겼다.

하지만 내가 정한 규칙이나 방식이 아무리 좋다고 해도 살아온 환경이 다르고 배경이 다른 사람에게까지 다 통용될 수는 없다.

지인들과 함께 고부간 갈등에 관한 이야기를 나누었던 적이 있다. 돈 잘 버는 아들을 둔 당당한 어머니, 제 아내만 챙기는 머저리 같은 아들, 엄마를 알뜰하게 모시는 효자 아들, 친정 부모만 생각하는 며느리, 많은 이야기들이 쏟아져 나왔었다.

그중에서 가장 마음에 걸렸던 내용은 아들이 번 돈을 며느리가 친정을 위해 쓰는 것이 싫다는 지인의 이야기였다. 나는 아직 시어머니가 되어 본 적이 없기 때문인지 모르지만, '형편이 어려운 부모를 도우려는 것은 자식으로서 당연한 일이 아닐까?'라는 생각을 잠시 했었다.

사람 사는 일에서 인간관계는 참 중요한 부분이다. 그러나 가족이든 타인이든 다른 사람에게 내 규칙만 강요하거나 주장하면 마찰이 생긴다.

생활 방법이나 사고방식이 다르기 때문이니 당연한 일이다. 나하고 다르다고 해서 많은 사람과 등을 돌리고 살 수도 없는 일이고, 그렇다고 해서 남의 말에 좌우될 수도 없는 일이다.

불협화음 없이 남들과 화합하며 살 방법이 뭘까 생각해서 내가 얻은 결론은 '남의 생각을 바꾸려 하지 말자.'라는 것이었다.

며칠 전 어느 모임을 이끄는 지인의 전화를 받았다. 모임에서 직책을 맡길 테니 같이 일을 해보자는 것이 전화의 요지였다.

시간적인 여유가 있는 사람이 해야 할 일이었기에, 아직도 직업 선상에서 바삐 살아야 하는 내 형편을 들어 거절하였지만, 버럭 화를 내고 싶을 정도로 싶을 정도로 계속 설득시키려고 했다.

나는 거절의 이유를, 그는 자신의 목적을 이루기 위해 계속 대화를 나누었지만 결국 그는 내 생각을 수용하지 않은 채 전화를 끊었다.

물론 자신의 규칙이나 방식을 바꾸는 것이 타인의 생각이나 감정에 휘둘리는 일은 아니다. 스스로 변하려는 의지를 갖고 자신의 감정이나 생각을 고치는 일이 아름다운 인생을 얻는 지름길이라는 것도 안다.

그러나 자신의 방식을 상대방에게 강요하는 것은 결국 관계를 파국으로 몰아가는 일이 될 뿐이다.

케임브리지의 마이클 포터 교수는 "우리 주변에는 우리를 힘들게 하는 걱정거리가 너무도 많지만, 여러분이 조금만 생각을 바꾼다면 그것이 바로 인생을 아름답게 한다는 사실을 알게 될 것이다. 인생은 여러분의 태도에 따라 달라질 수 있다."라고 했다.

맞다. 타인의 방식을 이해하고 스스로 자기 생각을 바꿀 수 있다면 우리네 삶 속에서 인간관계는 참 아름답게 오래 지속할 것이다. 그러나 지금 나는 내 거절의 의사를 전달하기 위해서 남의 생각을 바꾸려는 어리석은 행동을 하고 있다.

어쩌면 그와의 관계를 소리 없이 정리해야 할지도 모른다는 생각을 하면서 말이다. 참 서글픈 일이다.

겨울 숲을 바라보다

갑작스레 차가워진 날씨에 정 할머니의 천식이 도졌다. 겨울철이면 흔히 벌어지는 응급상황이다. 어둑새벽에 911 앰뷸런스를 부르고 응급실로 옮겨 처치를 끝내고, 일반 병실로 옮기고 나니 어느새 하루의 반나절이 지났다.

팽팽했던 긴장감을 풀어볼까 싶어 집으로 가는 길에 공원을 향해 차를 돌렸다. 맑은 하늘과 자연이 어우러진 도심 속 공원, 자연의 풍경이 빼어난 곳을 일부러 찾아갈 필요 없이 자연의 모습을 간직한 공원이 가까이에 있는 것은 큰 행운이다.

아스팔트 길을 벗어나 숲속 좁다란 오솔길을 걷다가 올려다본 하늘, 뾰족해진 나뭇가지 끝에 구름이 걸려 있다.

비움의 의미가 내려앉은 겨울 숲, 벌거벗은 나무들 사이로 발길이 닿는 곳마다 낙엽이 깔렸다. 가끔 숲속 오솔길을 거닐다가 보면 '나무들의 언어는 낙엽이 아닐까?'라는 생각이 들 때가 있다.

지난날의 화려한 언어를 모두 털어낸 듯 벌거벗은 겨울 숲의 침묵, 어쩌면 그것은 자신의 지난날을 돌아보는 노인의 고요한 깨달음과 같은 이치가 아닐는지.

응급실에서 산소마스크를 하고 침대에 누워있던 할머니에게 의사가 물었다.

"응급 시에 생명 연장을 위한 처치나 보조 장치를 받겠습니까?"

"아니요."

할머니의 짤막한 대답이었다.

의사의 질문에 대답하는 할머니의 표정이 너무 비장해 보여서 '안돼요.'라는 말이 내 입에서 튀어나올 뻔했었다.

천식 증상이 가라앉으면 할머니는 퇴원할 것이고, 예전처럼 할머니는 고양이 밥을 챙기며 가끔은 심심풀이 쇼핑을 하면서 천수를 누릴 텐데 너무 일찍 포기하는 것은 아닌지 싶었다.

직업 탓이지만 나는 다른 사람들보다는 임종을 많이 지킨다. 그중에서 오 년 전에 돌아가신 박 할머니의 이야기는 지금도 잊히지 않는다. 그분은 평상시에 살 만큼 살았는데 더 살아서 뭐하겠냐는 말을 노상 입에 달고 살았다.

어느 날, 숨이 가쁜 증세로 응급실에서 처치를 받았고, 만약의 경우를 생각해서 하루 정도 입원하라는 말에 안심했었다.

그러나 다음 날 방문했을 때 할머니는 중환자실에 있었다. 나를 본 할머니가 자꾸 뭔가를 말하려는 것 같았다. 산소마스크를 잠시 떼고 할머니 입 가까이에 내 귀를 대었을 때 "제발 나 좀 살려 주세요."라고 했었다.

죽음의 순간을 맞닥뜨렸을 때 슬픔이나 두려움을 느끼지 않는 사람이 세상에 얼마나 될까. 나는 과거에 내가 경험했던 죽음의 느낌을 거의 십오 년이 지난 지금도 생생히 기억한다.

사람이 다스릴 수 없는 영역에 있는 죽음을 두려워했다기보다는 이 좋은 세상을 다시 살 수도 볼 수도 없다는 것이 너무 슬펐었다.

그렇다. 죽음이 내 앞에 다가오면 다른 어떤 삶보다도 내 삶이 중요하다는 것을 알게 된다.

노인들을 돌보는 일을 하다 보면 피해갈 수 없는 늙음에 대하여 많은 가르침을 얻는다.

그중에서 자신의 삶을 하찮게 여기거나 작은 일에 집착하는 노인의 모습보다 실망스러운 것은 없다.

다음 계절을 위해 모든 것을 비워낸 겨울 숲의 텅 빈 모습처럼,

자신을 비워낸 노인의 모습이 가장 행복하게 보인다. 행복한 인생이란 어떤 것일까. 인생에서 가장 중요한 것이 무엇인가를 알고, 자신에게 남겨진 '지금'을 잘 살아가는 것이 아닐까.

삶의 행복감이 마음속에서 투명한 물처럼 차오르는 날이 있다. 벌거벗은 겨울나무들의 침묵에서 '나 잘살고 있다.' 하며 삶을 돌아보며 느끼는 뿌듯함, 그런 날엔 뻥 뚫린 하늘의 깊이와 구름의 흐름, 마른 잎 사각거리는 소리, 바람결의 흐름까지 다 느껴진다.

오늘이 그런 날이다.

한 걸음 물러서서 바라보면

사람은 하루에 오만가지 생각을 하고 산다고 한다. 하지만 다행스럽게도 그 오만가지의 생각을 털어내 버릴 수 있는 능력도 함께 갖추고 있다.

그러나 모든 사람에게 이런 능력이 있는 것은 아니다. 불의의 사고나 갑작스러운 질병으로 벼랑 끝에서 죽음을 맛본 사람 중에는 그 충격의 스트레스로 인해서 걱정과 혼란 그리고 우울증처럼 정신적인 고통 속에서 지내는 경우가 의외로 많다.

충격에서 생긴 심적 외상心的 外傷 때문이다. 흔히 트라우마라고 부르는 이 후유증은 외부의 어떤 요인으로 인해 받은 정신적인 충격이 오랫동안 마음의 상처가 된다.

며칠 전, 암 투병을 마치고 건강을 추스르고 있는 지인을 만났다. 키모테라피를 받으며 암을 치료하고 나서 공황장애까지 겪었던 분이다. 의사가 이제는 아무 염려하지 말라고 말을 했어도 걱정을 내려놓지 못했다.

아직도 사소한 증상에도 신경이 곤두서고, 남이 별 의미 없이 내뱉은 위로 한마디에도 끙끙 앓거나 안절부절못했다. 트라우마에서 벗어나기 위해 나름 노력했지만, 불안과 두려움, 걱정이 늘 따라다녀 자신의 삶이 비참하다는 생각을 했다.

미국 어느 대학의 심리학 팀에서 발표한 조사 결과를 보면 사람들의 걱정거리 중 40%가 실제로 일어나지 않는 것들이라고 한다. 그중의 30%는 이미 과거에 있었던 일로 이를테면 쓸데없는 걱정거리들이다.

그밖에도 실제는 걸리지 않을 병에 관한 것도 많아서 진짜로 걱정할만한 것은 8%밖에 되지 않는다. 그 8% 중에서도 정말로 머리를 싸매고 걱정할만한 것은 별로 없다는 결론이다.

우리는 아무리 걱정해도 소용없는 지난 일들에 대해 걱정을 한다. 때로는 괴로운 생각만 하면서도 괴로워하지 않으려 한다.

어떤 생각을 너무 심각하게 받아들이면 그 생각의 영향을 받고 그와 관련된 감정이 따라온다. 슬픈 생각을 하면 눈물이 날 것이고 긍정적인 생각이 기분을 좋게 하는 것은 당연하다.

285 순환도로를 타고 집에 가다 보면 내가 항암치료를 받았던 건물이 왼쪽에 있다. 항암치료의 고통이 얼마나 컸었는지 치료가 끝난 지 몇 년이 지난 후까지도 그 건물을 지나치면 헛구역질이 나면서 까무러칠 지경이 되곤 했다.

어느 날 운전을 하던 남편이 갑자기 "어? 저게 뭐지?" 하며 하늘을 가리켰다. 남편의 손가락이 향한 쪽 하늘을 보니 거기엔 아무것도 없었다. 하늘에 뭐가 있었느냐고 물으니 남편이 씩 웃었다. 내 생각을 다른 곳으로 돌리기 위한 남편의 재치였다.

그렇다. 항암치료 생각을 하지 않으니 토할 일도 사라졌다.

가끔 내게 "어떻게 그리 생기 있고 활력 넘치게 사느냐?"라고 묻는 사람이 있다. 어떤 이는 내가 사는 모습이 태평스럽고 가진 것이 많아 보여 부럽다고 한다. 절대 아니다.

해마다 치솟는 보험료 때문에 외식비를 줄여야 하고, 집 페이먼트, 세금 내는 일 걱정에 먼 여행을 떠나는 것은 아예 생각조차 하지 못하고 사는 처지인 내가 어찌 세상 사는 일에 걱정 근심이 없을까.

그러나 어떤 생각을 하고, 어떤 생각을 떨쳐 버릴까 하는 선택하는 것은 내 몫이라는 것을 알기에 내 삶은 늘 편하다

고통스러웠던 과거나 막막한 앞날을 생각하면 누구나 불안하

다. 그러나 이런 불안은 일시적인 기분일 때가 많다. 사람들은 사소한 것에 전전긍긍하면서 소매를 걷어붙이고 인생에 맞서 싸우려 들기만 할 뿐, 한 발짝 뒤로 물러서서 느긋해질 줄은 모르는 것 같다.

한 발짝 물러서서 바라보면 두려움도 생각만큼 두렵지 않다는 것을 알게 된다.

걱정을 털어내고 느긋해지자. 내일 일은 내일이 염려할 것이니, 내일 일을 위하여 염려하지 말라고 성경에도 쓰여 있다.

내 인생의 미래를 함께 갈 친구

세상을 혼자 살아갈 수 있는 사람이 있을까. 아마도 그런 생각을 하는 것 자체가 망상이지 싶기도 하다. 그렇듯이 사람은 무리를 지어 살 수밖에 없다.

그 속에서 다양한 관계를 맺고 살다 보면 인간관계의 폭이 넓을수록 능력 있는 사람으로, 또는 사회성이 좋은 사람으로 인정받는다.

나의 인간관계는 폭이 무척 좁다. 조직 구조 속에서 사회생활을 오래 하지 않은 탓도 있고, 상호 간 관계가 필요 없는 직업을 가지고 사는 탓도 있겠지만, 신뢰가 없는 인간관계는 오히려 상처만 남길 뿐이라는 것을 경험한 후부터는 관계의 초점을 넓이보다는 깊이에 맞추고 살기 때문이다.

평소 존경했던 지인이 사소한 일로 나를 오해했던 적이 있었다. 다행히 나와 그 지인을 모두 아는 친구가 나서서 오해를 풀어보겠다고 했다.

나 역시 제삼자를 통해서라도 오해를 풀고 싶었다. 며칠 후 지인을 만나고 온 친구가 다짜고짜 "그 사람한테 네가 잘못한 게 뭔지 알아?"라고 물었다. 서로 견해가 다른 것을 '잘못'이라고 하는 친구의 태도에 감정이 울컥해졌다.

나의 속 좁은 판단의 반응이었겠지만, 나는 두 사람 모두에게 선을 그어 버렸다. 자매처럼 지내자고 했던 친구였기에 느꼈던 비참함도 무척 컸었다.

평생 함께 갈 수 있는 친구가 있다면 얼마나 좋을까.

굴리는 머리보다는 감정이 통하는 가슴으로 맺어진 사이라면 더욱 좋겠다. 하지만 누구든 자기중심적인 생각으로 살 수밖에 없는 것이 인생사이니 배신하거나 또는 당하는 일이 생길 수도 있다.

믿었던 사람에게 감정적인 상처를 받으면 두 가지 고민을 하게 된다. 속마음을 숨긴 채로 관계를 지속하든지, 아니면 마음의 문을 닫아 버리는 것이다.

나는 언제나 후자 쪽을 택하게 된다. 언짢은 감정을 감추지 못해서 늘 상대에게 금세 내 속을 들키기도 하지만, 그보다는 속마음을 숨기며 사람을 대하는 것을 스스로 견뎌내지 못하는 내 성격 탓이다.

십 수 년 전 어느 모임에서 씁쓸한 경험을 한 적이 있다.

몇몇 동료들이 서로 각별하게 지내는 모습이 카리스마 강한 회장의 눈에는 '도전장'처럼 보였던 모양이었다. 그의 주관적인 불안감은 나를 향한 압박감으로 변했고, 결국 나는 그 모임에서 스스로 나왔다.

그때 나의 입장을 감싸줄 것으로 믿었던 동료는 그 모임에 남겠노라며 등을 돌렸다. 사는 동안 내가 겪은 인간관계 중에서 가장 마음 아팠던 경험이었다.

누구든 '친구'라는 단어를 들으면 즉각 떠오르는 얼굴이 있다. 내게도 그런 친구가 있다. 십수 년 넘게 관계를 맺고 있지만, 처음이나 지금이나 서로 똑같은 마음으로 대하는 친구다.

변한 것이라고는 단지 나이 들어가는 겉모습뿐, 이해관계를 따지지 않고도 편하게 만날 수 있는 혈육 같은 친구다. 그가 지닌 지식의 양 또한 대단해서 재잘거리거나 티격태격하는 친구를 만나는 그런 즐거움과는 차원이 다른 멋진 친구다.

어느 날 그녀와의 첫 만남이 도통 기억이 나질 않았다.

"우리가 어떻게 만났지?"라고 물었다.

아니, 그것도 몰랐냐며 경상도 억양의 큰 목소리로 깔깔 웃으며 친구가 말했다.

십수 년 전 그 모임에 처음 갔을 때, 나를 보았다. 그 모임에서 자신이 친구를 할 사람으로 내가 눈에 들어왔다.

어느 날 보니 내가 모임에서 쫓기듯 나가더라, 그래서 친구도 소리 없이 나왔다는 얘기였다.

역시 인생사에는 희로애락이 공존하는 법. 뭉개진 자존심과 모멸감으로 내 가슴에 굳은살처럼 박혀있던 그 사건 뒤에 평생 친구를 얻는 일생일대의 행운이 있었다니. 아무런 망설임도 없이 나를 선택해 준 친구, 그와 함께 걸어갈 내 인생의 미래를 상상하는 것만으로도 이 세상에선 부러울 것이 없다.

공존의 법칙

누군가를 안다는 것은 그 사람을 이해한다는 뜻과 같다.

그러나 누군가를 아주 잘 이해한다고 해도 내가 경험하지 못한 일을 겪은 사람의 마음을 온전히 이해하는 일은 쉽지 않다.

한동안 나는 불행한 일을 당하거나 슬픔에 빠진 사람을 위로하려 들지 않았었다. 누군가의 아픔은 그 자신 스스로 치유하도록 놔두는 것이 더 차원 높은 배려가 아닐까 하는 생각이 들어서였다.

야속하게 느껴질 수도 있지만, 이해하는 척하면서 결국에는 자기 위안으로 삼는 호기심 같은 위로는 오히려 아픈 사람에게 상처를 줄 수 있다는 것을 병치레하는 동안 몸소 경험했었기 때문이기도 했다.

노인들과 생활하다 보면 삶과 죽음에 대한 이야기를 자주 듣게 된다.

노인들의 풀 죽은 이야기가 어찌 젊은 사람의 알록달록 빛나고 풋풋한 이야기만큼 재미있고 매력이 있을 수 있을까.

그러나 내가 아직 겪어 보지 못한 나이를 사는 모습은 가끔 미래의 나를 상상하게 만들어 마음을 숙연하게도 하고, 때로는 눈앞의 유혹에 빠져 게을러지는 내 마음을 와락 잡아끌어 뉘우치게도 한다.

닷새 만에 병원에서 돌아온 할머니가 거의 한 달 동안 문밖출입을 하지 않았다. 예전 같았으면 교회도 다녀오고 옷 쇼핑하러 간다면서 나설 법한데 싶어 그 이유를 물었더니 "이렇게 살아서 뭐 해."라고 했다,

일종의 트라우마다. 마침 털실을 사달라는 다른 할머니의 부탁을 핑계 삼아 억지로 할머니를 차에 태우고 상점으로 갔다.

내가 털실을 사는 동안 필요한 것을 찾아보라고 한 뒤, 몰래 거리를 두고 할머니를 따라 다녔다. 할머니가 삶 속으로 돌아가는 모습이 보였다.

가끔 노인의 일상을 보면서 '나이가 든다는 것'에 대해 생각해 본다. 아직 내가 경험해 보지 못한 영역이니 그저 추측일 수밖에 없지만, '늙음'은 즐겁거나 기쁘게 하는 것들에서 멀어지는 것인

듯 싶다.

노인 대부분은 어떤 일이 일어나면 단순히 그 일에 대해서만 반응하지 않는다. 과거에 남아있는 모든 기억을 되살려 슬프거나 우울한 쪽으로 감정을 몰아간다.

그럴 때 내가 가장 먼저 하는 일은 몸을 움직이게 하는 일이었다. 그 움직임의 효과는 언제나 나를 실망시키지 않았다.

삶과 죽음의 욕구는 아주 작은 행동만으로도 순식간에 바뀔 수 있다. 해열 진통제인 파라세타몰은 원래 병에 넣어 판매했었다. 한입에 털어 넣어서 음독하는 경우가 자꾸 생기자 제약회사에서는 약을 한 알 한 알씩 꺼내야 하는 낱알 포장으로 바꾸었다. 그 후부터는 이 약을 이용한 음독자살의 수가 줄어들었다.

영국에 있는 현수교는 런던의 상징이지만 절망의 늪에 빠진 사람들이 자살하러 오는 곳으로도 유명했었다.

그곳에다 뛰어내리기에 복잡한 구조의 추락 방지벽을 세운 후에 자살의 숫자가 현저히 줄었다. 단지 귀찮고 복잡하다는 이유로 사람의 마음은 바뀔 수 있다.

죽고 싶을 만큼 힘든 일은 만나는 것은 대부분 일생에 한 번 정도밖에 생기지 않는다. 극복하고 나면 삶에 대한 욕구로 이어져 잘 살아가기 때문이다.

오히려 죽을 만큼 힘든 고통을 이겨낸 사람은 그 경험 덕분에 남의 고통이 더 잘 보이고 잘 들리는 사람으로 변한다.

누군가 자신의 절박하고 두려웠던 순간, 좌절과 위기를 겪었던 이야기를 털어놓아도 되는 사람이 된다.

한 젊은 가수의 애석한 죽음으로 시끌벅적했다.

삶이 몹시 힘겨울 때, 불행하다고 느낄 때 스스로 극복해 내려는 것은 깊은 늪에서 혼자 허우적거리는 것과 같다. 발에 감기는 수초를 헤집고 나올 수 있도록 누군가 손을 내밀어 잡아주는 것, 이것이 바로 우리가 세상을 함께 하는 '공존의 법칙'이 아닐는지.

일상을 벗어난
또 다른 일상 속에서

가끔 쳇바퀴 같은 일상에 짬이 생길 때가 있다.

누군가를 불러낼 수도 없는 톡 쏘는 사이다 맛 같은 시간, 혼자 있고 싶은 생각에 어딘가로 떠난다. 딱히 정해놓은 목적지가 있는 것도 아니다. 다만, 일상의 굴레에서 벗어나 두세 시간 정도 혼자 머무를 수 있는 곳이면 된다.

날이 어둡기 전에 돌아와야 하니 그리 먼 곳을 택할 수도 없다. 또한, 혼자서 다니는 길이라 뜻밖에 생길 위험도 염두에 두어야 한다.

그런 탓에 목적지는 대부분 주로 예전에 한번 가 보았거나 눈여겨보아 두었던 작은 타운이나 주립공원이 된다.

그곳이 어디가 되었든, 차의 엔진에 시동을 거는 순간 나의 일탈은 시작한다. 목적지를 향해 달리는 차 속에서 좋아하는 노래를 듣고 부르다 보면 어느새 그곳에 와 있다.

어슬렁어슬렁 구경하다가 특이한 것이 보이면 사진도 찍고, 마음에 드는 찻집이나 레스토랑이 눈에 뜨이면 들어가 자리를 잡는다.

때로는 동양 여자를 처음 보는 것처럼 눈을 동그랗게 뜨고 쳐다보는 노인을 만나 잠시 움찔할 때도 있지만, 혼자 즐기는 일탈의 자유로움을 생각하면 그 정도는 감수할 만하다.

사실, 혼자서 낯선 곳을 다니는 일이 쉬운 것이 아니다. 행여 남들에게 허영심에 들뜬 여자처럼 보일까 싶어 걱정도 되고, 무슨 고민거리라도 혼자 떠안고 있는 것처럼 보일까 봐 식구들에게도 알리지 않는다.

혼자 보내는 시간은 이미 '일상에서 벗어난 또 다른 일상'으로 내 삶 속에 자리 잡은 지 오래다.

지난 토요일에 오후 미팅이 취소되었다. 즉석 로또에 맞은 것 같은 마음, 겨울 숲 낙엽 깔린 길을 걷고 싶어졌다. 가끔 갔던 주립공원을 향해 차를 돌렸다. 하이웨이를 달리다 보니 문득 마른 잎을 달고 있을 가로수들이 보고 싶었다.

작은 타운을 가로지르는 샛길로 들어서니 길목 가로수들이 아직 크리스마스 장식을 달고 서 있었다. 손수 만든 새집이라며 트

럭 위에다 한가득 싣고 나와 파는 영감님도 보였다. 영화 속에서 본 오래 묵은 술통도 진열되어 있다.

예상하지 못한 풍경을 만났으니 그곳에 잠시 머무르다 가는 것이 나그네의 도리가 아닐까. 빨간 리본으로 입구를 장식한 카페 창가에 자리를 잡았다. 드문드문 차들이 오가는 창밖 풍경을 보고 있으려니 나의 일탈이 현실로 느껴진다.

거리를 바라보는 일은 평범한 일상 중의 하나였건만, 낯선 식당 창가에서 바라본 거리는 마치 세상에 모든 것들이 나를 위해 정지한 듯 고요했다.

문득, 지난 연말 세상 떠난 지인 생각이 났다. 그도 이런 광경을 볼 수 있다면 얼마나 좋았을까. 왜 사람은 늘 타인의 불행을 통해서 자신의 행복을 확인하는 걸까. 참 잔인한 아이러니다.

지난해에는 이별을 여러 번 겪었다. 그래서인지 가능한 한 오래 살고 싶다는 생각을 했다. 그래도 크고 작은 역경은 언제나 교훈을 남긴다. 잃는 것보다 얻는 것으로 보상을 해주는 것이 역경이다.

자신을 과신한 채, 맘대로 살려 했던 생에 대한 무지함도 깨닫게 했고, 더불어 사는 삶이 더 높은 가치가 있다는 것을 가르쳐 주었고, 인간관계의 중요함도 알게 해 주었다.

사람은 스스로 생각하고 바라는 모습으로 살아가게 마련이다. 시간이 흐르고 나니 한없이 낮아질 수 있을 것 같았던 마음에 슬금슬금 다시 욕심이 솟는다.

내가 원하는 것은 무엇일까. 눈에 보이지 않는 것들의 진실함을 찾아낼 수 있으면 좋겠다. 자신을 속이지 않는 내가 될 수 있을까. 물질과 명성보다는 내적 충만함의 즐거움도 누릴 수 있으면 좋겠다.

다른 사람의 고통과 슬픔에 공감할 수 있는 나이기를 바란다. 나는 지금 내가 바라는 모습으로 살고 있는 걸까.

위로의 메커니즘

칠십 대 초반의 할머니가 남편을 여의었다. 지금까지 전기세 내는 일조차 손 수 해 본 적이 없었던 할머니는 매일 아침 남편 묘소에 가서 "나는 어떡하라고." 하며 통곡을 했다.

그러기를 한 달 정도 계속했던 어느 날, 꺼이꺼이 울고 있는 할머니 귀에 갑자기 호통치는 남편의 목소리가 들렸다.

"너 지금 여기서 뭐 하고 있냐?"

특무상사로 근무했던 남편은 생전에도 목소리가 크기로 유명했는데 그날은 공원묘지가 흔들리는 것 같았다.

혼비백산해서 집으로 온 후, 다시는 그곳을 찾지 않았다.

그 할머니와 인연을 맺은 지 어느새 칠 년이 지났다. 그렇게 홀로된 노인들이 사는 곳이 바로 내 일터다. 이곳에서 우리는 혈연

관계가 아니어도, 나이나 고향이 모두 달라도 서로서로 울타리가 되어 함께 산다.

자식들에게 신세를 지기 싫거나 배우자를 잃은 후 혼자 살기 적적해서 함께 살게 된 경우도 있지만, 어찌 되었든 누군가의 도움이 필요한 사람들이 모여 산다.

노인들을 보살피는 일을 한다는 것 때문에 과분한 대우를 받을 때가 있다.

사람들은 마치 내가 사랑 유전자를 갖고 태어나 희생과 봉사를 실천하는 줄로 믿고 나를 위로해주려 애를 쓴다. 그럴 때면 내 엉큼한 소갈딱지가 들통날까 봐 속이 뜨끔하다. 그 덕분에 가끔은 내 양심을 다시금 들여다보기도 한다.

"내가 이 일을 하는 것이 참으로 좋아서일까, 아니면 무엇을 얻기 위해서일까."

지난 명절에 위문하러 왔던 어느 선교회 회원 중 한 분이 할머니 손을 잡고 말했다.

"아휴, 어쩌다 이런 곳에 살게 되셨어요. 얼마나 외로우세요!"

눈시울까지 붉히며 위로하는 그분의 표정은 마치 자신의 말에 수긍하라는 뜻처럼 느껴졌다. 머쓱해진 할머니들이 슬며시 돌아섰다.

그분들이 "모든 건 하나님 뜻이에요."라는 인사를 남기고 떠났다.

"이런 곳이라니, 괜히 찾아와서는 우리를 죄인 취급을 한다." 면서 다시는 오지 못하게 하자며 할머니들이 뿔이 났었다.

실제로 마음의 격려나 유쾌한 대화는 노인에게 정말 큰 힘이 된다. 그러나 성격이 예민하거나 내성적인 사람에게는 불필요한 동정이나 애정 없는 위로는 오히려 마음에 상처를 준다.

자신의 즉흥적인 기분이나 감정에 휘둘린 동정이나 연민의 감정을 스스로 조절할 수 없다면, 위로의 요령을 알고 있는 전문 간호인 흉내를 내는 편이 더 낫다.

차갑게 보일 수도 있지만, 전문적 교육과 경험에서 얻은 평정심이 때로는 더 효력이 크다.

한 지붕 아래서 얼굴을 맞대고 살다 보니, 입꼬리만 씰룩거려도 서로 속마음을 헤아린다. 노인들은 자신의 내면을 남이 모르도록 감추고 산다. 지금의 삶을 만든 것이 자신이라는 것을 알기 때문에 모든 것을 남 탓으로 돌리지도 않는다.

그렇게 참고 사는 사연들을 알고 나면 울컥 서글픔이 솟아서 눈물이 핑 돌기도 하고 때로는 기가 막혀서 헛웃음이 터질 때도 있다.

사람은 모두 늙는다. 그 '늙음'을 겪어보지 못한 내가 노인을 온전히 이해하기란 불가능하지만, 보편적으로 사람은 누구나 자신이 무기력하게 느껴질 때, 타인에게 허튼 동정을 받을 때 소외감을 느끼지 않을까 싶다.

가족의 품을 떠나 사는 외로움과 혼자 일상을 해내지 못하는 삶의 처연함을 참고 사는 마음에다 "모든 것은 하나님의 뜻이다."라고 한다면 과연 어떤 위로가 될까.

아무리 아름다운 표현이래도 선심을 쓰듯 툭 내뱉는 말은 참다운 위로가 될 수 없다. 진정성이 없는 위로는 먹다 버린 눈깔사탕보다 더 가치 없는 궤변일 뿐이다. 진심으로 누군가를 위로하고 싶다면 그들의 마음을 이해하는 일이 우선이다.

이것이 위로의 메커니즘이다.

삶의 길목에서 어둠을 만날 때

다시금 새해, 나무의 나이테처럼 반복되는 일인데도 올해는 이상하게도 마음이 뒤숭숭했다. 마치 긴 여행에서 돌아와 일상에 적응하지 못하는 사람처럼, 꼭 지켜야 했던 무슨 약속을 잊은 사람처럼 마음이 초조하고 불안했다.

갑자기 찾아온 강추위 때문이려니 하면서도 내심 늙어가는 내 모습이 초라하게 느껴지기도 했다.

지난 연말 지인의 장례식에 함께 갔던 친구가 오랜만에 전화했다. 지병으로 고생했던 지인 생각이 나서 한동안 우울했었다는 친구의 말을 듣고서야, 비로소 나를 초조하고 불안하게 했던 그 감정이 바로 상실감이었다는 것을 깨달았다.

생각해 보면 '생로병사'란 사람이면 누구나 겪어야 하는 과정인 만큼 모두에게 공평해야 할 것 같은데, 사람의 힘으로는 어쩔 수 없는 일이다. 한창나이에 세상을 떠나는 젊은이의 죽음이 더 애달픈 이유도 그 때문인 듯하다.

나는 인생의 마지막 과정을 남들보다 많이 대하며 살았다.

그 경험은 죽음에 대해서 담담할 수 있도록 나를 단련시키기도 했지만, 한편으론 그저 평범한 일상 속에서 느끼는 소소한 즐거움이 얼마나 귀한 것인지도 알게 해 주었다.

내가 '죽음'에 포커스를 두는 것보다는 '삶' 쪽에다 초점을 맞추고 살며 행복을 느끼는 이유도 다 그 때문이리라.

지금은 고인이 되었지만, 에이미 크라우스 로즌솔이라는 미국 동화작가가 있다.

남편의 새 아내를 찾는 내용의 칼럼을 뉴욕타임스에 써서 화제가 되었던 사람이다. 말기 암과 투병하며 시한부 삶을 보냈던 그는 26년을 함께한 남편에게 밸런타인데이 선물로 새 동반자를 만들어주고 싶은 마음에서 '내 남편과 결혼할 분을 찾아요(You May Want To Marry My Husband).'라는 제목의 칼럼을 썼다.

그렇다. 떠나는 이가 바라는 것은 오직 남은 사람의 행복이다. 암 진단을 받았을 때, 나 역시 스스로 믿지 못할 만큼 예상하지 못했던 생각을 했었다.

혼자 될 남편의 걱정이 먼저 다가왔었다. 교회에 가면 싱글인 사람 중에 누군가 남편에게 좋은 짝이 될 사람은 없을까, 라는 생각을 했었다.

그런 마음을 겪어보았기에 나는 유족들의 슬픔을 위로하기 보다는 빨리 극복하는 것이 고인이 원하는 것이라고 단호하게 말할 수 있다.

얼마 전 식당에서 마주친 선배에게 무심코 안부를 물었다가 3개월 전에 남편을 여의었다는 대답을 듣고 당황했었다. 그저 앞날이 캄캄해서 무엇을 해야 하는지 모르겠다는 그 선배의 말처럼, 남편의 죽음은 삶의 의욕을 잃게 할 만큼 큰 사건이다.

갑작스러운 이별의 슬픔은 삶의 뿌리를 흔들어대고, 고인의 빈자리를 서성이다 보면, 내가 원했던 삶의 모습과 너무나도 다른 지금의 내 모습에 절망한다.

며칠 전, 내 핸드폰에 남아있던 지인의 카톡으로 고인의 아내가 인사를 보냈다. 장례식에 오셨던 분들의 사랑이 너무 고마워서 앞으로 더 열심히 살아가겠다는 내용이다.

"그냥 내 곁에 있기만 해도 되는 데, 그냥 가버렸어요." 하며 가슴에 기대서 울던 그녀의 모습을 떠올리면 가슴 한가운데가 뻐근하다.

내가 어찌 감히 남편을 잃은 큰 슬픔을 온전히 이해할 수 있을까만, 인생 역경의 주름살 아래에는 더 깊고 진실한 인생이 있다는 것을 그의 아내가 알았으면 좋겠다.

살다 보면 삶의 길목에서 어둠을 만날 때가 있다. 그 어둠을 뚫고 나갈 건지, 바라보고만 있을 건지 결정하는 일은 나 자신의 몫이다. 어떤 빛도 찾으려는 노력도 해보지 않고 어둠 속에 주저앉기 전에 우리가 반드시 기억해야 할 것이 있다.

내가 숨 쉬고 있는 이 순간은 날 사랑했던 이가 절실하게 원했던 시간이라는 것을.

내가 서 있는 이 자리는 떠나간 사람이 간절하게 머무르고 싶었던 곳이라는 것을.

시절 인연

때 늦게 크리스마스카드 한 장이 도착했다.

다른 주소지로 잘못 배달되었다가 뒤늦게 제 자리를 찾아온 모양이었다. 겉봉에 쓰인 이름자를 보는 순간 '어머나!' 하는 감탄사와 함께 아직도 친구가 나를 잊지 않았구나, 하는 반가움에 가슴이 뭉클했다. 카드를 꺼내보니 앞면에 '당신은 특별한 사람입니다 (You're a Special Person).'라고 쓰여 있다. 이틀 차이로 성탄절과 맞물려 있는 내 생일까지 기억하고 보낸 축하 카드였다.

사람의 일 중에서 마음과 마음이 서로 통하는 것보다 더 즐거운 일이 있을까. 마지막으로 그를 만났던 때가 언제였더라. 과거로 돌아가는 길은 언제나 초고속이다.

그와 함께 자주 갔던 찻집의 정경과 추억 속 감정들이 한순간에 고개를 들고 달려왔다. 몇 년 세월이 흐르고 보니 마주 앉아 차 한 잔 나누지 못하는 사이가 된 것이 섭섭한 감정으로 앙금처럼 남아 있었는데, 그는 나를 '특별한 사람'으로 지금껏 기억하고 있었다니.

친구는 우리의 만남을 '시절 인연'이라고 했다. 사는 동안 가장 힘들었던 시절, 나를 만났던 것이 자신에게 큰 힘이 되었다고 했다.

마음 시린 이야기들이 유난하게 많았던 그 시절, 우리는 서로의 말을 그냥 들어 주는 것만으로도 온기를 얻었었다.

돌이켜 보니 사랑하는 사람을 갑자기 잃고 그녀가 삶의 어두운 공허와 절망의 시간에 빠져 있었을 때, 친구를 떠나 보낸 슬픔에 잠겼던 내가 같은 시공간에서 만났던 거였다. 맞다. 우리의 시절 인연이었다.

시·절·인·연. 음절 하나하나 나지막이 읊조리기만 해도 애잔함이 밀려오는 듯했다.

생각만으로도 옛 추억이 밀려올 것 같았다. 불가에서는 시절 인연이 닿아야만 만남이 이루어진다고 한다지. 언젠가 법정 스님이 쓴 수필집에서 읽는 적이 있었다.

그 '시절 인연'이 닿지 않으면 아무리 만나고 싶은 사람이 있고 또 갖고 싶은 것이 있어도, 바로 옆에 두고도 만날 수 없고 손에 넣을 수 없다고 했었다.

우연처럼 만나는 관계도 우연히 만나는 것이 아니라, 모든 인연에는 오가는 시기가 있어서 만나지는 것이라는 뜻이었다.

세상의 모든 인연이 흐르는 강물처럼 오래도록 이어진다면 얼마나 좋을까. 그러나 하늘 아래 영원한 것은 없다. 사람의 인연도 마찬가지 아니던가.

떠나간 세월과 손 흔들며 사라져간 인연 중에 시절 인연이 아닌 것이 어디 있으랴. 그렇게 생각하면 헤어지는 것도 인연이 딱 거기까지였을 테니, 잃은 재물 때문에 속상해하거나 끊어진 인간관계 때문에 섭섭해 할 이유가 전혀 없다는 '시절 인연'은 참 묘한 이치 같기도 하다.

내가 걸어온 인생길보다 훨씬 짧아져 버린 미래, 앞으로 나는 또 어떤 사람과 시절 인연을 맺게 될까. 남은 생의 여로에서 만나고 헤어지다 보면 또다시 아픔과 우울을 겪을 수도 있겠지.

하지만 누군가에게 애정과 배려, 즐거움처럼 좋은 것만 줄 수 있는 시절 인연이 될 수 있으면 좋겠다.

친구는 어떤 추억을 떠올리며 내 생각을 했었을까. 바쁜 나날을 살아내느라 친구를 잊어버렸던 나에게서 서운함을 느꼈던 건 아니었을까. 아니면 옛 기억을 떠올리며 후회가 되는 시점으로 돌아가, '그때 조금 더 잘 해줄걸.' 하며 나처럼 후회했었을까.

한때 스쳤던 시절 인연인 줄 알았는데, 서로의 삶을 바라보며 함께 노년의 길을 갈 수 있게 해 준 친구가 참 고맙다.

빈 나뭇가지에 걸린 실눈 같은 초승달이 웃는 겨울밤, 때 늦은 크리스마스카드로 다시 찾은 '시절 인연' 덕분에 꽁꽁 얼었던 내 삶이 스르르 녹는다.

이 순간, 행복하다.

돌고 도는 285번 순환도로

살얼음이 깔렸던 길섶에 말간 햇살이 물비늘처럼 반짝였다.

벌벌 떨게 했던 추위 때문에 거의 한 주 이상 집 안에만 머물렀던 탓이었는지 아침부터 창밖 풍경으로 자꾸 눈길이 갔다.

유난히 더위에 약한 엿가락 체질을 가진 탓에 여름휴가는 꿈도 못 꾸는 나 같은 중생에게 겨울은 할 일 다 접어두고라도 아무 데나 훌쩍 떠나고 싶게 만드는 계절이기도 했다.

꼭 이유를 달지 않더라도, 굴러가듯 사는 일상의 판박이에서 한 번쯤 툴툴 털고 나오고픈 유혹에 흔들려 보는 것도 나쁘지 않겠다 싶었다.

온도계를 보니 영하 5도, 손끝으로 톡 치면 '쨍!' 하며 울릴 것 같은 유리 하늘과 코끝에 와 닿는 찬 공기는 가슴 속 온도까지 뚝 떨구는 듯했다. 이 추위에 중늙은이 혼자 공원을 걷기는 무리 수가 되겠고 차라리 차를 몰고 달리기로 했다.

커피숍에 들러 뜨거운 커피 라떼 한 잔 샀고, 파바로티의 CD를 차 오디오에 걸었으니 준비는 끝난 셈, 하이웨이에 들어서니 눈앞에 텅 빈 길이 펼쳐졌다.

쭉 뻗은 도로 위에 내려앉은 시간이 멈춘 듯한 정적, 강추위에 차들도 숨어버린 저 도로의 고요함, 온 세상을 얼려버린 듯 매혹적인 겨울 풍경이었다.

인생은 길과 같다고 말해주었던 분이 있었다. 그분의 손녀와 딸애가 같은 학원에 다녔었다. 수업이 끝나는 시간까지 차 안에서 딸애를 기다리는 내게 어느 날 차나 한잔 같이하자고 했다.

겉으로 느껴지는 나이 차가 커서 부담스러웠지만, 거절할 수 있는 마땅한 이유를 댈 수 없어 따라나섰었다. 찻집에서 그분이 말했다.

"인생이란 게 저절로 만들어지는 것이 아니더라. 어느 길을 택해 달리느냐에 따라 달라지는 거다. 가끔 먹고 사는 일이 힘들게 느꼈을 때 나는 차를 몰고 고속도로를 달리면서 삭막한 마음을 달랬었다."라고.

나 역시 가끔 I-285 순환도로를 차를 타고 달린다. 285번 순환도로는 말 그대로 시작과 끝이 연결된 고속도로다.

전체 길이는 65마일 정도, 떠났던 지점으로 되돌아오는 데 걸리는 시간은 한 시간 반 정도다. 괜히 심사가 허전할 날, 생각을 매듭짓지 못해서 마음이 웅성거리는 날, 285번 순환도로를 한 차례 돌다 보면 정말 신기하게도 복잡했던 마음이 정리되곤 했다.

사춘기도 아닌 나이에 무슨 감상적인 대처법이냐고 웃을지도 모르지만, 같은 방법으로 스트레스를 해소한다는 분들이 내 주위에 의외로 많다.

애틀랜타로 이사 온 후 알게 된 교우 한 분도 이민 와서 사는 동안 285번 도로를 달리지 못했더라면 아마 외롭고 불행하다는 생각에서 헤어나지 못했을 거라고 했다.

언젠가 친구가 왜 하필이면 285번 고속도로냐고 물은 적이 있었다. "그냥."이라고 대답했었지만, 285번 고속도로의 매력은 달리고 달려도 결국 처음 그 자리로 돌아올 수 있다는 것이 아닌가 싶다.

점점 나이가 들어가니 285번 순환도로를 달리는 습관 같은 취미가 앞으로 얼마 동안이나 계속될지는 모르지만, 달리고 돌아오면 내 감정의 노폐물이 걸러진 듯 마음이 가뿐해진다는 것은 변함이 없을 것이다.

누구든 감정적인 생각에 휘말릴 때가 있다. 어느 순간 너무 절박해서, 견딜 수가 없어서 무작정 달아나고 싶었는데, 한참 도망가다 보니 다시 그 자리에 와 있었더라.

그래서 어쩔 수 없이 다시 시작하게 되었다는 핑계. 살다 보면 살기 위해서 자기 합리화가 필요할 때도 있는 법이다.

마음과 생각의 변화를 찾으려 달렸던 285번 순환도로에서 나는 오늘 어떤 마음 하나를 버리고 왔을까.

만 불짜리 수표석 장

'미필적 고의'란 말이 있다. 이 말은 어떤 행위를 하면 나쁜 결과를 남길 수 있다는 것을 알면서도 그 행위를 하는 심리상태를 말한다.

예를 들면, 통행인을 칠 수 있다는 것을 알면서도 차를 질주한다든지, 은행에 예금 잔고가 없는 줄 알면서도 공수표를 끊는 경우 같은 것이 그에 해당한다.

나는 효도하는 자녀의 여러 모습을 보면서 '미필적 고의'라는 단어를 떠올릴 때가 있다.

자녀 중에는 부모의 의견을 배제하고 자기 생각대로만 효도하려는 자녀도 있고, 남의 눈을 의식해서 또는 자신의 만족을 위해서 부모의 바람은 안중에도 없이 최고급 효도를 고집하는 자녀도 있다.

그러나 다행하게도 대부분 자녀는 부모가 원하는 것이 무엇인지, 부모를 위하는 일이 무엇인지 잘 알고 있다.

얼마 전 새벽 근무 중이었다. 어디선가 "쿵!" 하는 둔탁한 소리에 언뜻 시계를 보니 새벽 두 시, 누군가 침대에서 떨어졌다는 직감에 반사적으로 복도로 뛰어나갔다.

삼 일간 효도 여행에서 돌아온 할머니 방에서 불빛이 새어 나오고 있었다. 문을 열어 보니 할머니가 바닥에 주저앉아 가방을 꾸리고 있었다.

일으켜 세워 침대로 옮기려니 중심을 잃고 비실비실 한 쪽 방향으로 몸이 기울었다. 아버지가 찾아왔다며, 이북에 두고 온 막냇동생을 찾아가야 한다며 횡설수설, 꿈과 현실의 경계가 무너진 듯 보였다.

방을 둘러보니 진통제와 수면제 약병이 침대 옆에 있었다.

'여독을 이겨내지 못한 몸이 너무 아파서 잠을 이룰 수 없었을까?'

추측할 뿐이었다.

'도대체 지난 사흘 동안 얼마나 힘이 들었으면 저러나.'

초주검이 된 할머니의 모습을 보고 있자니 괜한 죄책감이 들었다. 사실, 여행 가는 것을 할머니 자신도 원하지 않았다.

나 역시 이런 결과를 예상했었기에 여행을 말리고 싶었다. 그러나 최상의 효도 여행을 계획했던 사람은 할머니의 딸이기도 했고 주치의이기도 했기에 내가 막을 수도 없었다.

부모에게 효도하고 싶지 않은 사람은 없다. 험한 인생을 산 부모 밑에서 성장한 자녀일수록 부모에게 최상의 보답을 하고 싶어 한다.

그러나 효도의 욕구가 강할수록 그 효도는 변질될 수 있다. 성급한 마음에서 부모 마음은 헤아리지 않고 자식이 원하는 대로 결정할 수도 있겠고 혹은 남의 눈에 좋은 자식으로 보이려는 욕구에 물질적인 효도를 시도할 수도 있다.

몇 년 전에 자칭 '자랑할 거라고는 가진 돈밖에 없는 사람'이라는 분이 모친을 입소시킨 적이 있었다. 부자 아들을 둔 덕분에 귀한 대우만 받고 살았는지 할머니도 특별대우를 해달라고 했었다.

세상에서 돈이 제일 좋다는 아흔 살 넘은 할머니는 입소한 이튿날부터 누가 바지를 훔쳐갔다며 볼멘소리를 해서 다른 할머니들의 눈살을 찌푸리게 하더니, 한 달쯤 지났었을까. 가방에 넣어두었던 돈 삼만 불이 없어졌다며 야단법석을 피웠다.

아니, 그런 큰돈을 어떻게 지니고 있었을까. 자초지종을 듣고 가방을 뒤집어가며 찾았더니 아들이 주었다는 수표가 지갑에서 나왔다.

만 불짜리 수표 석 장. 그것이 공수표인지 아닌지 알 수는 없었지만, 할머니 말대로 '도합 삼만 불'인 그 수표를 보는 순간 나는 손뼉을 쳤었다.

사실 '정말 내세울 거라곤 가진 돈밖에 없는 사람들이구나.' 하는 생각에서 내심 할머니의 가족은 멀리하고 싶었었다.

그러나 필요할 때 은행에 가서 돈으로 바꿀 수 있다는 말을 믿고 행복해하는 할머니의 모습을 보면서 그 아들의 지혜로움에 큰 감동을 받았었다.

그렇다. 효도란 내 부모의 마음을 즐겁게 해주는 일이다.

자식들의 생각과 부모의 기쁨이 일치하는 맛깔나는 효도면 가장 좋겠지만, 자식이 구축한 효도의 공식에 부모의 건강이 어긋나 잠시 힘든 들 어쩌랴. 효도하고 싶은 욕구 때문에 공수표를 날리는 미필적 고의라도 어쩌랴.

둘러치든 메치든 모두 효도의 다른 모습들이니 부모에게 등 돌린 불효보다야 몇십 배 백 배 좋은 일 아니던가.

동백 아가씨

어디선가 갑자기 음악 소리가 들렸다. 이때 즈음이면 간식 후 할머니들이 잠시 눈을 붙이는 시간, 웬 소란인가 싶어 복도를 둘러보니 윤 할머니 방 쪽에서 들려오는 소리였다.

방 안을 들여다보니 할머니 세 분이 창밖을 바라보며 노래를 듣고 있었다. 가수 이미자 씨가 부른 '동백 아가씨'이었다.

방으로 들어서는 나를 본 린다 할머니가 저기 좀 보라는 손짓으로 창밖을 가리켰다. 어머나! 어느새 동백꽃이 피고 지고 있었다.

계속되는 추위에 몸을 움츠리고 다니느라 뜨락을 살펴볼 겨를도 없이 지나쳤었는데, 마치 "날 좀 보소." 하는 듯 동백꽃이 할머니 방 창문 쪽을 향해서 자태를 드러내고 있었다.

그제야 아침결에 순이 할머니가 핸드폰을 내밀면서 유튜브에서 노래 듣는 법을 가르쳐 달라고 했던 게 이해가 되었다.

'동백 아가씨'는 내가 태어나서 최초로 배웠던 대중가요였다.

엄마의 후일담에 따르면, 내게 이 노래를 가르쳐 주었던 사람은 엄마였다. 어릴 적부터 교회 성가대 솔리스트였던 엄마는 찬송가나 가곡이 아니면 부르지 않았었다. 유행가를 듣는 것조차 금기시했던 집안 분위기에서 소위 '뽕짝' 노래를 부르는 건 불가능한 일이었을 텐데, 어린 딸에게 대중가요를 가르쳐 준 데는 그만한 이유가 있었다.

초등학교 시절 엄마는 늘 내 소풍을 따라다녔다. 어느 해 소풍날, 급우들이 합창으로 '동백 아가씨'를 불렀다. 그 노래를 몰랐던 내가 부르지 못했던 건 당연한 일. 멍하니 앉아 있는 딸의 모습에 열 받았던 엄마는 그날 저녁부터 가사를 적은 종이를 펴놓고는 내가 달달 외울 때까지 가르쳤다.

그 덕분에 '동백 아가씨'는 지금까지도 한 소절도 틀리지 않고 부를 수 있는 나의 유일한 애창곡이 되었다.

사실, 내가 동백꽃을 가까이서 본 것은 여고를 졸업한 직후였다. 상급학교 입학식을 기다리고 있던 겨울 어느 날, 여수에서 서울로 유학을 왔던 여고 동창에게서 자기 집에 놀러 오라는 편지가 왔다.

그때 멋모르고 찾아갔던 그곳에서 숲길을 온통 뒤덮고 있던 붉은 꽃들을 보았다. 땅에 떨어져 있던 꽃송이들의 모양이 하도 싱싱해서 누군가 일부러 꺾어 버린 것은 아닐까 하여 가슴 속이 서늘해졌던 느낌이 아직도 생생하다.

동백꽃은 지는 모습이 참 특이하다.

낙화를 거부하는 추태는 절대 보이지 않으려는 단호한 모습으로, 절정에 이르렀을 때 눈물처럼 후드득 떨어지는 꽃.

마치 은장도를 꺼내 스스로 정절을 지켜낸 여인의 모습처럼, 생생한 모습으로 떨어지며 생을 마감하는 꽃.

그 모습이 너무 처연해서 무수한 시인들이 다투어 동백꽃을 노래했던 걸까.

시인 문정희 씨는 동백꽃을

지상에서는 더 이상 갈 곳이 없어
뜨거운 술에 붉은 독약 타서 마시고
천 길 절벽 위로 뛰어내리는 사랑
가장 눈부신 꽃은

가장 눈부신 소멸의 다른 이름이라

절절한 시어(詩語)로 표현했지만, 가수 이미자 씨가 부른 '동백 아가씨'만큼 뭇사람의 마음을 울린 노래가 세상천지에 또 있을까.

혼자 이 노래를 흥얼거리다가 옛 기억을 떠올렸다. 어린 시절 내 기억 속에서 엄마와 나는 늘 아버지를 기다렸었다. 부산에 있는 공장에 간다며 집을 자주 비웠던 아버지, 서울로 돌아올 때마다 한 아름 선물을 안겨 주었던 자상한 아버지를 향한 기다림은 호탕한 웃음 뒤에 숨겨져 있던 얼동생들의 이름이 호적에서 발견하기 전까지였다.

헤일 수 없이 수많은 밤을 내 가슴 도려내는 아픔에 겨워…

그리움에 지쳐서 울다 지쳐서 꽃잎은 빨갛게 멍이 들었소.

어린 시절, 엄마 무릎을 베고 누워서 철없이 따라 불렀던 '동백 아가씨'. 남편의 모습을 쏙 빼닮은 딸이 불렀던 노랫소리는 젊은 여인의 가슴 속 서러움과 슬픔의 덩어리를 얼마만큼이나 삭혀 주었을까.